高职高专旅游与酒店管理专业系列教材

餐饮服务
与数字化运营

梁海兰　赵　聪 主编　周美琳 副主编

清华大学出版社
北京

内 容 简 介

本教材深入解读和贯彻党的二十大精神，以习近平新时代中国特色社会主义思想为指导，以思政育人为目标，严格参照行业服务规范及标准，以学生为主体，以教师为主导，引导学生在开展行动、完成任务中学习，帮助学生在主动解决问题的过程中建构知识体系、提升实践能力。

本教材共分七个项目，包括餐饮概述、餐饮服务基本技能、餐饮酒水服务、餐饮服务、主题宴会设计与销售、餐饮数字化运营、餐饮服务质量管理。每个项目都设置了学习目标和情境导入，有助于学生在实际情境中学习并掌握餐饮服务与管理知识；设置了任务实施环节，具有很强的针对性和实用性，有助于学生把理论知识与工作实践结合起来，活学活用；配备了项目学习笔记和思维导图，有助于学生梳理知识并总结知识点，从而全面加深学生对各个项目内容的理解。为了便于教师教学和学生学习，本教材配有教学课件等教学资源，读者可扫描封底及书中的二维码获取。

本教材可供职业学校酒店服务与管理及相关专业教学使用，也可作为服务行业的培训教材以及相关人员的自学用书和参考用书。

本书封面贴有清华大学出版社防伪标签，无标签者不得销售。

版权所有，侵权必究。举报：010-62782989，beiqinquan@tup.tsinghua.edu.cn。

图书在版编目(CIP)数据

餐饮服务与数字化运营 / 梁海兰，赵聪主编.
北京：清华大学出版社，2024.9. -- (高职高专旅游与酒店管理专业系列教材). -- ISBN 978-7-302-66926-5

Ⅰ.F719.3-39
中国国家版本馆CIP数据核字第2024WT1315号

责任编辑：	施　猛　王　欢
封面设计：	常雪影
版式设计：	方加青
责任校对：	马遥遥
责任印制：	杨　艳

出版发行：清华大学出版社
　　网　　址：https://www.tup.com.cn，https://www.wqxuetang.com
　　地　　址：北京清华大学学研大厦A座　　邮　　编：100084
　　社 总 机：010-83470000　　邮　　购：010-62786544
　　投稿与读者服务：010-62776969，c-service@tup.tsinghua.edu.cn
　　质 量 反 馈：010-62772015，zhiliang@tup.tsinghua.edu.cn
印 装 者：三河市铭诚印务有限公司
经　　销：全国新华书店
开　　本：190mm×260mm　　印　　张：13　　字　　数：283千字
版　　次：2024年9月第1版　　印　　次：2024年9月第1次印刷
定　　价：59.00元

产品编号：095479-01

前言 PREFACE

党的二十大报告指出"坚持把发展经济的着力点放在实体经济上",也提出"推进文化自信自强,铸就社会主义文化新辉煌"的要求。在此背景下,本教材严格参照行业服务规范及标准,以学生为主体,以教师为主导,引导学生在开展行动、完成任务中学习。学生将在主动解决问题的过程中建构知识体系、提升实践能力,最终成为既会做事又会做人、具有健全人格的高素质技能型人才。

本教材编者主持建设的课程"餐饮服务与管理"于2020年被评为"国家级精品在线开放课程"、于2022年被评为"职业教育国家在线精品课程",视频内容覆盖课程的所有重要知识点,并且提供中、英、泰三种语言版本。本教材依据餐饮服务与数字化运营的客观规律,以当前最新、最实用的管理方法与操作技能为主要内容,全面系统地阐述了餐饮服务与数字化运营的各种要素及服务程序,力求做到基础理论简明易懂,服务技能操作标准。

本教材从高职高专学生的实际水平出发,行业、企业、学校共同开发,以强化应用为教学重点,以大量的图表和案例为辅助,采用"项目导入、任务驱动"的项目化教学组织形式,体现"基于工作过程"的教学理念和"教、学、做一体化"的实践特点,让学生在"做中学"的过程中掌握知识、提高技能、提升职业素养。

本教材具有以下四个特点。

一、采取项目教学法设计教材体系,有机整合工作任务与学科知识

本教材以真实生产项目、典型工作任务、实践实操案例等为载体组织教学单元,采取项目教学法来设计教材体系,围绕餐饮服务与数字化运营的工作需求,按照餐饮服务实际工作流程设置七个教学项目,力求符合技术技能人才成长规律和学生认知特点,适应"工学结合"的人才培养模式。每个项目都设置"任务实施"板块,引导学生体验餐饮服务与数字化运营工作的整个流程,展示并评价学生独立完成或与团队协作完成的工作成果,从而提升学生分析问题和解决问题的能力。

二、打造新形态一体化教材,助推线上线下混合式教学模式的应用

本教材是以国家级精品课程优质视频为依托的新型活页式、工作手册式融媒体教材,以

二维码形式向读者提供124个中、英、泰三语视频，支持学生利用移动终端进行自主学习，助推教学模式的创新，促进线上线下混合式教学模式的落地。混合式教学模式注重在线课程、纸质教材、配套数字资源一体化的建设与应用，结合在线平台，可以实现课程资源、数据分析、教学评价、师生交流等全过程管理，从而提高教材的实用性和服务课程教学的能力。

本教材提供课程学习网址及课件，请学生扫描二维码获取。

课程学习网址　　　　　　　课件

三、开发教学典型案例，体现职业教育类型特色

本教材以专业目录、专业教学标准、课程标准等国家职业教育标准和职业标准(规范)为编写依据，力求贯彻国家标准、体现国家战略、对接产业需求、适应社会发展。每个项目都列出了课程思政、学习目标、学习重点和学习难点，设置了思维导图、学习笔记、课后练习等板块，同时提供丰富的典型案例，力求将餐饮服务与数字化运营的最新成果融入教材内容之中，强化学生的单项能力和综合能力。

四、产教融合校企双元推动开发，岗课赛证融通完善教学资源

本教材主编为教育部职业院校技能大赛"餐厅服务"赛项国赛一等奖指导教师。在教材编写过程中，增加了广大参赛队伍容易失分的水果切盘、中餐主题宴会设计、酒水品鉴、鸡尾酒调制、西餐宴会服务、侍酒服务等赛项前沿内容。本教材是中国服务(数字文旅)产教融合共同体、全国旅游饭店行业产教融合共同体校企合作共建教材。本教材聘请重庆丽晶酒店、渝州宾馆、杭州皇冠假日酒店等酒店餐饮管理人员全程参与教材模块及项目制定、内容修改及审核工作，校企双元共同构建契合一线实际的教学内容体系。

编者在编写本教材的过程中参阅了大量专著和书籍，在此向相关作者深表谢意，同时也得到了清华大学出版社的热情帮助和大力支持，在此致谢。

由于编者水平有限，教材中缺点和疏漏在所难免，诚盼使用本教材的读者提出宝贵意见，以便日后修订完善。反馈邮箱：shim@tup.tsinghua.edu.cn。

编　者

2024年1月

目 录
CONTENTS

项目一 餐饮概述 / 001
- 任务一　餐饮部的地位和作用 / 003
- 任务二　中餐的起源与发展 / 005
- 任务三　西餐的起源与发展 / 006
- 任务四　卓越餐饮人应具备的素质 / 007
- 任务五　餐饮组织机构设置及主要岗位职责 / 009
- 任务六　餐饮从业人员职业形象礼仪 / 014

项目二 餐饮服务基本技能 / 022
- 任务一　托盘服务技能 / 024
- 任务二　铺台布服务技能 / 029
- 任务三　餐巾折花服务技能 / 031
- 任务四　中餐摆台技能 / 039
- 任务五　西餐摆台技能 / 045

项目三 餐饮酒水服务 / 053
- 任务一　中国酒 / 055
- 任务二　外国酒 / 062
- 任务三　酒的保管与储藏 / 066
- 任务四　酒水品鉴 / 068
- 任务五　鸡尾酒调制 / 069
- 任务六　侍酒服务 / 074

项目四 餐饮服务 / 080

- 任务一　中餐零点服务 / 082
- 任务二　西餐零点服务 / 091
- 任务三　中餐宴会服务 / 097
- 任务四　西餐宴会服务 / 101
- 任务五　酒吧服务 / 104
- 任务六　水果拼盘服务 / 110

项目五 主题宴会设计与销售 / 116

- 任务一　认识主题宴会 / 118
- 任务二　主题宴会台面设计 / 126
- 任务三　主题宴会菜单设计 / 136
- 任务四　主题宴会销售 / 145

项目六 餐饮数字化运营 / 158

- 任务一　餐饮业发展趋势 / 160
- 任务二　餐饮创意营销和服务创新 / 163
- 任务三　餐饮自媒体营销 / 170
- 任务四　餐饮企业O2O营销 / 175

项目七 餐饮服务质量管理 / 181

- 任务一　认识餐饮服务质量管理 / 183
- 任务二　餐饮服务质量管理流程 / 189
- 任务三　餐饮服务质量管理工具 / 193

参考文献 / 199

项目一　餐饮概述

餐饮服务与管理课程简介

餐饮服务，自古有之。餐饮业是商业贸易的重要组成部分。酒店餐饮部是酒店的重要利润中心之一，餐饮服务的水平和特色在很大程度上反映了酒店的总体水平和特色，直接影响酒店的声誉和效益。此外，由于餐饮部通常是酒店职工最集中、业务环节最繁多、技术水平要求最高、涉及学科知识最广泛的一个业务部门，其日常管理最为复杂。

· 课程思政 ·

通过学习本课程，学生逐步了解并掌握酒店餐饮部及餐饮业服务和管理工作的主要内容，具备酒店高级餐饮服务人员、管理人员以及餐饮自主创业者三种工作岗位的职业能力，树立正确的价值观和职业观，提升对餐饮业的认同感，自觉践行社会主义核心价值观，具备吃苦耐劳、团结协作、精益求精、保质保量的职业精神，能与时俱进，满足新时代餐饮业发展需求。通过优秀文化赋能，培育学生的家国情怀、使命担当，引导餐饮业相关专业学生成为心怀家国、德技兼修的餐饮业人才，助力餐饮业发展和技能强国的实现。

课堂笔记

学习心得

· 学习目标 ·

(1) 正确认识餐饮部在酒店中的地位和作用。
(2) 了解餐饮的起源和发展。
(3) 掌握餐饮部的经营特点、机构设置与主要岗位职责，形成良好的职业意识和岗位意识。

课外拓展

学习重点

(1) 酒店餐饮部的地位和作用。
(2) 餐饮部人员岗位职责。

学习难点

(1) 酒店餐饮部的组织机构和岗位职责。
(2) 餐饮服务人员应具备的素质。

情境导入——一句话引起的矛盾

某日中午,餐厅来了一批急匆匆的客人。其中一位客人对服务员说:"按每人68元的标准给我们配一桌菜,我们总共10个人,菜品经济实惠、味道可口就可以。我们赶时间,麻烦你动作快一点。"服务员马上为客人点了一桌菜,经过客人确认后就让厨房备菜。开始时,上菜的速度挺快的,客人很满意,但后来上菜速度越来越慢,客人神色焦急,一直催促服务员快点上菜。又过了一阵子,菜还没有上齐,客人发现身边后到的客人的菜已经上齐,便大声质问:"你们怎么回事?我们比他们来得早,为什么他们的菜比我们的菜上得快?"服务员看到客人桌上除了白米饭,就只有几个空盘子,立即说道:"您好,先生,对不起,请稍等,我再去催一下。""催一下,你到底有没有去催啊?"客人追问。服务员见客人如此着急,就让旁边的服务员再去催一下,并礼貌、耐心地解释:"先生,请不要着急,他们上菜快是因为他们点的是1680元的菜品,而且有预订;而你们点的是680元的菜品,没有预订。"也许是说者无心、听者有意,客人被惹怒,坚决要找领导投诉。

服务员见客人发怒了,赶忙请来餐厅主管。餐厅主管对客人说:"您好,先生,我是餐厅主管,请您不要生气,有事跟我说,我一定给您一个满意的答复。"

经过主管的调解,加上客人赶时间,事情总算平息了。

情境分析

案例中的服务员用语不规范,尽管服务员声音柔和并使用了"对不起""您好"等礼貌用语,但强调了"他们点的是1680元的菜品""而你们点的是680元的菜品",导致客人感觉自己被轻视而发怒。所以,服务员为客人服务或与客人沟通时,一定要注意用语的规范性,满足客人的心理需求。尊重客人是对服务员的基本要求,如果服务员在与客人沟通时,缺乏语言艺术、口不择言甚至以貌取人,让客人感觉到自己不受尊重,就会导致客人投诉。这个案例告诉我们,服务员在服务过程中应尊重客人,讲究语言艺术,尽可能满足客人的求尊重心理。

任务一　餐饮部的地位和作用

无论来自哪个民族、居住在世界何处,人们对维持生存的饮食需求是基本一致的,只不过不同民族的食品原料、烹调方法、饮食习俗不同,从而形成了丰富多彩的餐饮种类。

餐饮部是现代酒店的重要组成部分,是酒店赖以生存和发展的基础。餐饮部不仅能满足客人对餐饮产品和餐饮服务的需求,而且作为酒店对客服务的窗口,它能为树立酒店良好的社会形象发挥积极的作用,还能为酒店创造经济效益。

酒店餐饮部通常包括点菜餐厅、团队宴会餐厅、咖啡厅、酒吧、特色餐厅、自助餐厅、客房送餐、外卖部等。餐饮部在酒店中的地位和作用具体表现在以下几个方面。

一、餐饮部是酒店满足客人基本生活需求的主要服务部门

从旅游的基本需求出发,"食""住""行"是人们外出旅行的必要条件,其中"住"和"食"尤为重要。古往今来,人们把"吃"作为一种文化来品味。酒店是旅游者的"家外之家",餐饮部是旅游者主要的膳食消费地点。现代酒店的餐饮部拥有众多的餐厅、宴会厅,提供完备的餐饮设施与完善的服务项目,为各行各业、各个消费层次的人们提供良好的餐饮消费环境。拥有与酒店经营定位和客人消费需求相适应的餐饮部,是确保酒店经营水平的基本要求。

二、餐饮部的收入是酒店营业收入的主要来源之一

餐饮部的收入在酒店整体营业收入中占有多大比例,受酒店的地理位置、

经营思路、产品定位、规格档次等诸多主客观因素的影响。目前，在我国，餐饮部的营业收入约占酒店整体营业收入的1/3，在部分地区这个比例还要更高。由此可见，餐饮部是酒店创造收入的重要部门之一，与客房部、康乐部并称为"酒店营业收入的三大经济支柱"。

三、餐饮部的管理和服务水平直接影响酒店声誉

美国酒店业先驱斯塔特勒曾经说过："酒店从根本上说，只销售一样东西，那就是服务。"提供劣质服务的酒店是失败的酒店，而提供优质服务的酒店则是成功的酒店。酒店的目标是向客人提供最佳服务。

决定酒店服务水平高低的关键因素之一是餐饮部管理水平的高低，而服务水平的高低也是管理水平高低的最终表现。餐饮部不仅要满足客人基本的生理需求，还应从色、香、味、形、器等方面给客人带来感官上的享受。当客人在典雅舒适的用餐环境中受到热情款待、得到周到服务时，他们能够获得精神上的享受和满足。

餐饮部服务人员与客人直接接触，其一举一动、只言片语均会给客人留下深刻印象。客人会根据餐饮部服务人员的服务质量、服务态度和服务方式来判断酒店整体的服务质量和管理水平。可以说，餐饮部的管理与服务水平直接关系到酒店的声誉和形象。

四、餐饮服务是酒店市场营销的重要内容

在客房标准相对比较接近的情况下，餐饮服务水平和其他服务设施常常被客人作为选择酒店的重要影响因素，而餐饮服务水平甚至可以成为旅游资源而吸引客人。餐饮服务水平客观地反映了酒店的服务水平，直接影响酒店的声誉和竞争力。餐饮服务水平由多种因素决定，包括菜品烹调质量、服务人员的态度和技能水平、餐厅装饰布置、餐厅设施设备、餐饮器皿等。优良的烹调品质、热情周到的服务、精致优雅的就餐环境能给客人带来美好的感受，使客人成为忠诚客户，从而提高酒店的经济效益。

五、餐饮部是平衡酒店经营季节性差异的重要部门之一

我国大多数酒店属涉外旅游酒店，旅游酒店的经营季节性差异十分明显。在旅游者相对比较集中的春秋两季，酒店往往满负荷运转；而在冬夏两季，酒店客人相对较少，设施、设备、人员闲置较多。为了平衡这种季节性差异，酒店可以加强餐饮部门在淡季的经营，例如可以组织各类活动，增加营业收入，以弥补客房利用率低所造成的损失。

六、餐饮部是酒店用工最多的部门

酒店业属于劳动密集型行业，而餐饮部通常是酒店中使用员工数量最多的部门。餐饮部的工作岗位多，目前这些岗位对员工的文化要求不是特别高，就业门槛较低，因而酒店餐饮部能够广泛吸纳社会上的普通劳动力。

任务二　中餐的起源与发展

中餐的起源与发展（中文）

中餐的起源与发展（英文）

中餐的起源与发展（泰文）

我国餐饮文化起源于烹制熟食，有关"烹饪"的文字记载最早可以追溯至文献《易传·象传下·鼎》。随着社会的发展，我国餐饮业呈现产品类型日益增加、服务品质日益提升、发展规模不断扩大、产品文化内涵越发丰富等趋势。纵观我国餐饮业的发展历程，大致可以分为三个阶段。

一、古代餐饮

新石器时代的饮食文化雏形为先秦时期的饮食文化兴盛奠定了扎实的基础，我国餐饮南北两大风味流派初见端倪。西周时期，宫廷代表菜肴"八珍"成为北方地区餐饮文化的重要代表之一。先秦时期，我国餐饮市场的地理区域划分初步形成。到了两宋时期，经历了民族与餐饮文化的融合，我国餐饮市场更加繁荣，业态形式更加多元化，经营层次也更加明确。随着社会经济的发展和各地方贸易往来的频繁，我国各地出现了经营不同地方风味的餐饮场所，南食、北食各自形成体系。明清时期，四大菜系形成，以富丽堂皇的宫廷宴席为标志的中国烹饪技艺达到了较高水准，食材原料超过千种，灶具式样也进一步增加，初步形成有原则、有规律、有程序、有标准的烹饪工艺。

二、近代餐饮

民国时期，饮食呈现多元化的特点，西餐被逐渐引入，中餐在食材、调味、用餐器具、用餐程序、餐馆经营、饮食理论著作等方面都有了新的发展，中西餐饮的交流和碰撞成为中餐发展的推动力。

三、现代餐饮

我国现代餐饮的发展可分为三个阶段：第一阶段从1979年全聚德和平门店正式营业至1987年肯德基中国首店在前门大街开业，在这一阶段，国家恢复了大量老字号品牌，以全聚德、狗不理包子为代表。第二阶段从1987年肯德基中国首店开业至2012年"国八条"的出台，中国餐饮行业逐渐引进海外品牌，粤菜开始北上，酒楼、宴会城成为主流餐饮经营模式，湘鄂情、俏江南、北京宴都是这一阶段的翘楚。第三阶段为2012年至今，大众餐饮成为主流，海底捞、西贝、外婆家一度被称为"餐饮界的BAT"，地方菜、小吃成为人们的消费首选。随着网络技术的发展，许多餐饮企业将经营重点从线下转移到线上，人们足不出户便能享受多种风味的各地美食。

任务三　西餐的起源与发展

西餐的起源与发展(中文)

西餐的起源与发展(英文)

西餐的起源与发展(泰文)

课堂笔记

学习心得

课外拓展

西餐起源于地中海沿岸的繁荣国家。罗马帝国时代，商贸业繁盛，客栈、饭店初具规模。从5世纪开始，西欧封建社会政局动荡及教会的黑暗统治导致商贸业、餐饮业几乎衰亡。11世纪初，西欧社会发生重大变革，商业活动逐步兴起，城市获得发展，间接地促进了餐饮业的恢复与发展。

14世纪，位于亚非欧交汇处的土耳其形成了以食羊肉为主、以烤羊肉为传统名菜的独特饮食文化，对建立伊斯兰教国家的传统饮食习俗与发展当地餐饮业都具有重要历史贡献，因此被公认为"世界三大烹饪王国"之一。

16世纪中叶，意大利成为文艺复兴中心。随着商业经济的繁荣、艺术与科学的兴盛，意大利烹调技术在汲取了各地精髓的基础上，逐渐形成了崇尚奢华、注重排场、典雅绚丽的风格，并成为"欧洲烹饪之母"。

18世纪前后，法国成为欧洲政治、经济与文化中心，发达的农牧渔业为其发展烹饪与餐饮业提供了良好的物质条件。法国烹饪受意大利烹饪的影响，形成于路易王朝时期，在法国大革命时期才涌向民间。20世纪60年代，法国餐饮界提出"自由烹饪"的口号，革新了传统烹调工艺，力求烹调时间短、味道鲜，以满足人们现代生活需求。法国被认定为"世界烹饪王国"，法国餐饮在世界上尤其是在西方国家处于无可匹敌的地位。

20世纪，美国成为世界第一大工业国家。美国餐饮融合世界各地移民文化与印第安传统习俗，以不太重视造型、重营养、求新、求快的特点迅速向世界各地传播。例如，麦当劳快餐就是在欧亚各地传统小吃基础上的新创造，其以营养丰富、快捷、简单、风味统一的特点，在世界各地受到广泛欢迎。

纵观中外餐饮业的发展概况可以发现，餐饮业是随着人类经济活动的出现与社会文明程度的提高而产生与发展的。在餐饮业发展过程中，中、西餐既各自独立，又相互渗透。中餐向西餐借鉴了提高饮食蛋白质的比例，而西餐则向中餐借鉴了提高碳水化合物的比例；有的中餐运用西餐的烹调技法，有的西餐也采用中餐的烹调技法；中餐吸收了西餐的咖啡、可可等饮品，西餐吸收了中餐特色的茶等饮品；中、西餐在餐具和服务程序方面互相取长补短、相得益彰。中、西餐饮业一方面要纵向传承，弘扬自身的文化传统；另一方面要横向交流，相互促进，共同发展，以开创世界餐饮业的新局面。

卓越餐饮人的服务素质（中文）

卓越餐饮人的服务素质（英文）

卓越餐饮人的服务素质（泰文）

任务四　卓越餐饮人应具备的素质

餐饮服务是由餐饮部的服务人员提供给客人的，它是一种以客人获得享受为实质内容的特殊服务。随着酒店业竞争的日益激烈和消费者保护合法权益意识的增强，客人对餐饮服务质量的要求越来越高，间接地提高了对餐饮从业人员的要求。一名合格的餐饮从业人员应具备基本的思想素质、业务素质、心理素质和身体素质。

一、思想素质

思想是客观存在反映于人的意识中经过思维活动而产生的结果。餐饮从业人员的思想政治素质是其基本素质的根本，对于提高其基本素质具有重要的指导意义。餐饮从业人员的思想素质包括以下三个方面。

(1) 高尚的职业道德。

(2) 敬业乐群的精神。

(3) 较强的纪律观念。

二、业务素质

(一) 服务态度

服务态度是指餐饮从业人员在对客服务过程中体现出来的主观意向和心理状态，服务态度的好坏直接影响客人的心理感受。因此，餐饮从业人员既不能看轻自己，将自己的工作视同差役，也不能看轻服务工作，消极应付，而应牢牢树立职业意识。

餐饮从业人员的服务态度取决于其在工作中的积极性、主动性、创造性和责任感。餐饮从业人员正确的工作态度可简单概括为"真诚的服务"，用热情、主动、耐心、周到的服务去接待每一位客人。

(二) 语言艺术

语言是人类表达思想、交流感情的主要工具。餐饮从业人员应注重文明礼貌，具有较强的表达能力，在为客人提供服务时，应运用一定的语言艺术，为客人营造舒心的用餐氛围，具体应做到用语礼貌、语气委婉、应答及时、语音和语速适中。

(三) 文化知识

餐饮从业人员应具有丰富的知识储备，这是餐饮从业人员专业素质的直接体现，也是其餐饮服务水准的基本体现。餐饮从业人员应具备的文化知识包括以下三个方面。

(1) 基础知识，包括员工守则、服务意识、礼貌礼节、职业道德、安全与卫生、服务心理学、外语知识等。

(2) 专业知识，包括岗位职责、工作程序、运转表单填制、管理制度、设备设施的使用与保养、饭店的服务项目与营业时间等。

(3) 相关知识，包括哲学、美学、文学、法律知识，各国的历史与地理、习俗与礼仪、民俗与宗教知识，以及本地与周边地区的旅游景点及交通知识等。

(四) 应变能力

应变能力是指应对事态变化的能力。餐饮服务工作有很强的可变性，餐饮从业人员如果视角狭窄，工作时因循守旧、按部就班，很难适应工作需要，因此餐饮从业人员应培养迅速发现问题、辩证分析问题和果断解决问题的能力。

(五) 推销艺术

餐饮服务人员把推销艺术运用到餐饮服务中，能使客人充分享受到餐饮服务的物质美和情感美。从特殊意义上讲，推销艺术是餐饮从业人员综合素质的最终检验，它既能增加餐饮企业的经济效益，又能提高餐饮企业的社会声誉，是餐饮从业人员必须掌握的一项技能。

三、心理素质

随着社会的发展和经济文化水平的提高，餐饮活动不再只是人们解决饥渴的物质手段，它更多地体现出人们的精神需求。在餐饮活动中，客人的心理情感越来越受到关注，客人的需求越来越复杂化、隐性化，所以餐饮从业人员要想为客人更好地提供服务，必须具有良好的心理素质，也就是为客人提供优质服务的良好心态和能力，主要包括以下几个方面。

(1) 自尊自信的服务意识。

(2) 快速准确的观察与判断能力。
(3) 持久的注意力。
(4) 较强的情感控制能力。

四、身体素质

良好身体素质是餐饮从业人员做好餐饮服务工作的基础。餐饮从业人员在满足客人饮食的物质需求的同时，还要满足客人的精神需求，全方位提升客人的就餐体验。为了达到这一目标，餐饮从业人员除了要提高服务水平，还应具有优美的仪态、健康的体魄和良好的个人卫生习惯。

任务五　餐饮组织机构设置及主要岗位职责

餐饮部是酒店的重要部门，所辖面广，各营业点分散在酒店的不同区域、楼面。作为酒店唯一生产实物产品的部门，餐饮部集生产加工、销售、服务于一身，管理过程长、环节多。从人员结构方面来讲，酒店餐饮部拥有的员工人数多，工种多，员工文化程度差异大。在酒店业中盛行这样的说法："餐饮部是酒店最难管理的一个部门。"酒店规模、接待能力、餐厅类型及餐饮部本身职能不同，餐饮部组织机构形式也不同，但总体来讲，建立餐饮部组织机构应遵循合理有效、科学分工的原则。大多数酒店采取"直线职能制"的组织机构，内部关系管理采用垂直领导、横向协调的方法，将餐饮部视为一个有机的整体。

一、酒店餐饮部组织机构

（一）小型酒店餐饮部组织机构

小型酒店餐饮部餐厅数量少、类型单一，大多数只经营中餐，其组织机构比较简单，分工比较粗略，如图1-1所示。

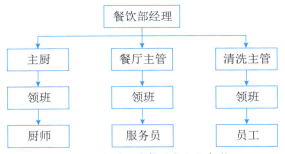

图1-1　小型酒店餐饮部组织机构

(二) 中型酒店餐饮部组织机构

中型酒店餐饮部的餐厅数量比小型酒店多、类型比较全，内部分工比较细化，组织机构相对复杂，如图1-2所示。

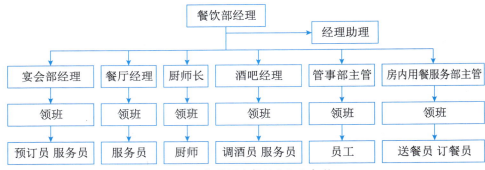

图 1-2 中型酒店餐饮部组织机构

(三) 大型酒店餐饮部组织机构

大型酒店餐饮部一般有5个以上餐厅，有的酒店有10～20个餐厅，各种餐厅都单独配备厨房，分工明确，组织机构专业化程度高，如图1-3所示。

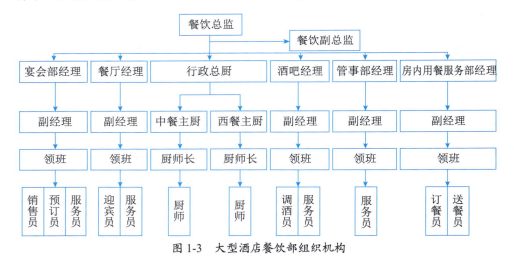

图 1-3 大型酒店餐饮部组织机构

(四) 独立经营的餐厅组织机构

有些酒店的餐厅独立经营，类似社会餐饮企业。这类餐厅的经营范围虽然比较小，组织机构设置简单，但由于独立经营，也设餐饮部经理，甚至设总经理。

二、酒店餐饮部主要岗位职责

(一) 按功能划分的餐饮部岗位职责

酒店餐饮部不论规模大小，其基本职能与作用都是相同或相似的，按功能划分的餐饮部组织机构如图1-4所示。

图1-4 按功能划分的餐饮部组织机构

1. 厨务部的主要职责

厨务部负责菜肴、点心等餐饮产品的烹饪加工。从过程方面看，从原料初加工到菜肴出品，均由厨务部负责完成。从产品质量方面看，厨务部负责依据不同的消费档次，制定并执行不同的菜品制作质量标准。

2. 各营业点的主要职责

酒店餐饮部的营业点包括各类餐厅、宴会厅、酒吧、房内用餐服务部等，是餐饮部直接对客服务部门。这些营业点服务水平的高低、经营管理状况的好坏，最终关系到餐饮部经济效益的高低。

3. 管事部的主要职责

管事部是餐饮部的后勤保障部门，担负着为前台及后台运转提供物资用品、清洁餐具及厨具的重任，并负责后台卫生清洁和贵重餐具的保管和保养。

(二) 餐厅主要岗位职责

1. 餐饮部经理的主要职责

(1) 负责整个餐饮部的正常运转，执行计划、组织、督导及控制等工作，满足客人的需求，达到预期的效益目标。

(2) 负责策划餐饮部推广宣传活动。

(3) 每天审阅营业报表，进行营业分析，做出经营决策。

(4) 制定各类人员工作程序和服务规范。

(5) 建立健全考勤、奖惩和分配等制度，并予以实施。

(6) 与行政副总厨、公关营销部、宴会预订员一起研究制定长期和季节性菜单及酒单。

(7) 督促相关人员做好食品卫生和环境卫生工作。

(8) 负责巡视、管理大型团体聚餐和重要宴会。

(9) 处理客户的意见和投诉，提高客人满意度。

（10）主导员工的业务培训与技能培训。

（11）审阅和批示有关报告和各项申请。

（12）协助人事部门做好定岗、定编、定员工作。

（13）参加酒店例会及业务协调会，建立良好的公共关系。

（14）主持部门例会，协调部门内部工作。

（15）分析预算成本、实际成本，制定售价，控制成本，达到预期指标。

（16）完善菜品配方资料系统。

（17）协调内部矛盾，做好招聘、奖励、处罚、调动等人事工作，处理员工意见及纠纷，建立并管理领导与下属关系。

2. 餐厅经理(主管)的主要职责

（1）掌握餐厅设施使用情况及活动进展，监督管理餐厅日常工作。

（2）安排员工班次，核准考勤表。

（3）定期对员工进行培训，确保酒店的政策及标准得以贯彻执行。

（4）经常检查餐厅清洁卫生、员工个人卫生、服务台卫生，以确保客人饮食安全。

（5）与客人保持良好关系，协助酒店进行营业推广，征询客人的意见，反映客人的要求，以便提高服务质量。

（6）与厨师长协调有关餐单准备事宜，保证将菜品质量控制在最高水平。

（7）监督盘点及物品保管工作。

（8）主持召开餐前会，传达上级指示，做餐前最后检查，在餐后做出总结。

（9）直接参与现场指挥工作，协助所属员工开展服务，提出改善意见。

（10）审理有关行政文件，签署领货单及申请计划。

（11）督促及提醒员工遵守酒店规章制度。

（12）督促下属推销餐饮产品。

（13）做好成本控制工作，严格堵塞偷吃、浪费等漏洞。

（14）填写工作日记，反映餐厅的营业情况、服务情况、客人投诉或建议等。

（15）负责餐厅的服务管理，确保每个服务员按照酒店规定的服务程序、标准为客人提供服务。

（16）经常检查餐厅常用货物储备是否充足，确保餐厅正常运转。

（17）了解当日供应品种、缺货品种、推出的特选品种等，在餐前会上通知到所有相关服务人员。

（18）及时检查餐厅设备的使用状况，做好维护保养工作、餐厅安全工作和防火工作。

3. 餐厅领班的主要职责

(1) 接受餐厅经理指派的工作,全权负责本区域的服务工作。

(2) 协助餐厅经理拟定餐厅的服务标准和工作程序。

(3) 负责对本班组员工的考勤。

(4) 根据客情安排员工的工作班次,视工作情况及时进行人员调整。

(5) 督促服务员并以身作则大力向客人推销餐饮产品。

(6) 指导和监督服务员按规范工作。

(7) 接受客人订单,为客人办理结账。

(8) 带领服务员做好班前准备工作与班后收尾工作。

(9) 处理客人投诉及突发事件。

(10) 经常检查餐厅设施是否完好,及时向有关部门汇报家具及营业设备的损坏情况,向餐厅经理报告维修事实。

(11) 保证出品准时、无误。

(12) 营业结束,带领服务员做好餐厅卫生工作,关好电灯、电力设备开关,锁好门窗、货柜。

(13) 配合餐厅经理对下属员工进行业务培训,不断提高员工的专业知识和服务技能。

(14) 与厨房员工及管事部员工保持良好关系。

(15) 当直属餐厅经理不在岗时,代行其职。

(16) 核查账单,保证客人结账顺利、准确。

(17) 为重要客人引座,送客致谢。

4. 迎领服务员的主要职责

(1) 在餐厅入口处礼貌地问候客人,迎领客人到适当的餐桌,协助拉椅让座。

(2) 递上菜单,通知区域值台员提供服务。

(3) 熟悉餐厅内所有餐桌的位置及容量,确保迎领工作顺利进行。

(4) 将客人平均分配到不同的服务区域,以平衡各位值台服务员的工作量。

(5) 在餐厅满座时妥善安排候餐客人。如果客人愿意等候,请客人在门口休息区域就座,并告知大致的等候时间;如果客人是住店客人,也可以请客人回房间等候,待有空位时再通知客人;还可以介绍客人到酒店的其他餐厅就餐。

(6) 记录就餐客人的人数及其所有的意见或投诉,及时向上级汇报。

(7) 接受或婉拒客人的预订。

(8) 协助客人存放衣帽、雨具等物品。

(9) 积极参加培训,不断提高服务水平和服务质量。

餐饮从业人员职业形象礼仪(中文)

餐饮从业人员职业形象礼仪(英文)

餐饮从业人员职业形象礼仪(泰文)

课堂笔记

学习心得

课外拓展

5. 餐厅服务员的主要职责

(1) 负责擦净餐具、服务用具,做好餐厅的清洁卫生工作。

(2) 负责到仓库领货,做好餐厅各种部件的点数、送洗和记录工作。

(3) 负责补充工作台所需用品,在开餐过程中随时保持工作台整洁。

(4) 按餐厅要求摆台,做好开餐前的准备工作。

(5) 熟悉餐厅供应的所有菜点、酒水,做好推销工作。

(6) 接受客人点菜,保证客人及时享用所点菜品。

(7) 按餐厅标准为客人提供服务。

(8) 做好结账收款工作。

(9) 在开餐过程中关注客人的需求,在客人呼唤时能迅速回应。

(10) 客人就餐完毕后,及时翻台,做好餐厅营业结束工作。

(11) 积极参加培训,不断提高服务水平和服务质量。

6. 传菜员的主要职责

(1) 在开餐前负责准备调料和配料,做好传菜工作,主动配合厨师做好出菜前的所有准备工作。

(2) 负责小毛巾的洗涤、消毒和领取工作。

(3) 负责传菜间和规定地段的清洁卫生工作。

(4) 负责将菜点按次序准确无误地传送到值台员处。

(5) 协调值台员将脏餐具撤回洗碗间,并分类摆放。

(6) 妥善保管点菜单,以备核查。

(7) 积极参加培训,不断提高服务水平和服务质量。

任务六　餐饮从业人员职业形象礼仪

一、良好的仪表仪容

(一) 仪表仪容的概念

仪表是指一个人精神风貌的外观体现,主要包括容貌、服饰、个人卫生等方面,着重在精神面貌和着装方面。仪容主要是指人的容貌,着重在修饰方面。

(二) 对餐饮服务人员仪表的基本要求

1. 精神面貌

服务人员应该表情自然、面带微笑、亲切和蔼、端庄稳重、落落大方、不卑不亢，给人以亲切、可信赖的印象。

2. 服装

服务人员在岗位上要着工作制服。工作制服是岗位和职责的标志，不应互相借换。工作制服应保持整齐清洁，熨烫笔挺；衬衣应扎在裤内、裙内；领带、领结要按规定系好，而且随时检查，如有污渍和破损，要及时清洗和更换。

3. 饰品

这里的饰品包括工号牌和首饰。工号牌应统一印制，佩戴在规定的部位(一般戴在左胸)。服务人员应避免佩戴首饰，用则求简，不戴项链、手镯、戒指(婚戒除外)等，可戴手表。

4. 鞋袜

服务人员一般穿黑色的皮鞋或者布鞋。皮鞋要经常擦拭光亮，布鞋要无破损。袜子具有衔接裤子和鞋的作用，其颜色一般与裤子、鞋颜色相同或者相近，袜口不要露在裤子或者裙子之外。袜子应每天换洗，穿着时无破损。

(三) 对餐饮服务人员仪容的基本要求

1. 头发

服务人员一般留短发，要求整洁干净，发型大方得体。女服务员如留长发，在工作时间应将长发束起。男服务员侧面头发不可过耳，长不过领。

2. 面部

服务人员应保持容光焕发、充满活力的状态。女服务员应化淡妆；男服务员要常修面，不留胡须和大鬓角。

3. 香水

服务人员可使用淡雅清香的香水，切忌使用浓郁刺鼻的香水。

4. 个人卫生

服务人员应注意保持头发、皮肤、牙齿、手指的清洁以及口腔的清新，要勤理发、洗发、修面，勤洗澡、更衣，勤剪指甲、洗手。服务人员上班前应认真地对从头到脚各部位进行检查，绝不能疏忽任何一方面，但不可在餐厅有客人的地方化妆和梳头，整理仪容应到指定化妆间或更衣室进行。

二、规范的服务仪态

(一) 仪态的概念

仪态是指人在行走时的姿态和风度，着重在举止方面。人在行走时的姿态通常是指身体在站立、就座、行走时的样子以及各种手势、面部表情等。

(二) 对餐饮服务人员仪态的基本要求

服务人员每天都要和很多客人打交道，应时刻注意保持良好的仪态，具体包括以下四个方面。

1. 站姿

优美而典雅的站立姿态，能够体现服务人员的素养，也是服务人员仪表美的起点和基础。

标准的站姿应该是"站如松"，即站得像松树一样挺拔。站立时，应面向正前方，双目平视，嘴微闭，面带笑容，下颌微收，颈部挺直；胸部微挺，腹部自然收缩，双肩微往后拉，自然舒展，腰直肩平，双臂自然下垂(亦可背后交叉或体前交叉)；双腿立正并拢，重心在两腿中间；两脚跟并拢，呈"V"形，其夹角为45°～60°，也可两足并立，相距一拳间隔，脚尖略向外。站立太久时，可变换为调节式站立，即将身体重心偏移到左脚或右脚上，另一条腿微向前屈，脚部放松。站立时双手不得叉腰、抱胸或插入衣袋，脚不得随意抖动或打拍子，身体不斜歪、不倚靠其他物品。

站姿四忌：

一忌身体歪斜。站立时，若弯腰驼背、头偏、肩斜、身歪、腿曲，都会破坏线条美。服务人员平时应该经常进行站姿训练，练习时，背靠墙站好，使后脑、肩、臀、足跟均能紧贴墙壁。

二忌前伏后靠。服务人员在工作中不应趴在柜台上，不应倚墙靠柜，否则会显得懒散和无精打采。

三忌动作过多。服务人员在工作时忌多余的小动作，如摆弄衣服和发辫、玩弄小玩意儿、双脚不停轮换站立、腿脚抖动等，这些行为都是缺乏自信的表现。

四忌手位和脚位不当。双手抱于胸前、叉腰、插袋、双脚叉开距离过大、歪脚站立等，都是不可取的站姿，显得粗鲁、不雅观。

2. 坐姿

坐姿即人在就座之后所呈现的姿势。服务人员坐姿端正，能体现个人的修养和对客人的尊重。

标准的坐姿是"坐如钟"，即坐得像钟那样端正。入座时，应从左侧进入，走到座位前转身，将左脚后移半步，轻稳坐下。女子入座时，应该用手轻拢裙后。离座时，右脚后移半步，轻盈站起，从左侧离开座位。入座后，应保持上身挺直，身体也可稍往前倾，只坐椅子的一半或2/3，两腿自然弯曲，双膝并拢，两手平放膝上，胸微挺，腰伸直，目平视，嘴微闭，面带笑容。如果端坐时间过长，感觉疲劳，可变换为侧坐，即向左(右)摆45°，两脚、两膝靠拢，手臂也可轻靠在椅背上。无论哪种坐姿，都应该体现出优美的仪态。如果服务人员出于礼貌需要与客人一起入座，应该请客人先入座，切勿自己抢先入座。女服务员穿着裙子时，腿部应并拢直放或斜放。服务人员的坐姿应端正、庄重、娴雅自如。

坐姿四忌：

一忌落座有声。入座时，应避免碰撞椅子发出噪声，体现自身良好的修养。

二忌前趴后仰。入座后，头部应靠在椅背上，上身不趴在前方或两侧，保持上身正直。

三忌手位不当。入座后，不应双手抱臂，不要将肘部支于桌子之上，也不要将双手压在大腿下或夹在大腿中间。

四忌腿脚动作不雅。入座后，双腿分开过大、抖脚、跷二郎腿、脚尖朝天、脚踏其他物品等，都是不雅的姿势。

3. 走姿

服务人员在餐厅中走动时，应展示出动态的美感，让客人得到视觉上的享受。

标准的走姿应该是身体正直，抬头，眼睛平视，面带微笑，肩部放松，手臂伸直放松，手指自然弯曲，双臂自然地前后摆动，摆动的幅度为35厘米左右，双臂外开不超过20°。行走时，身体重心稍向前倾，重心落在脚掌前部，腹部和臀部要向前提，由大腿带动小腿向前迈进。脚尖略分开，脚跟先接触地面，着地后将身体重心转移到前脚，使身体前移。行走路线应为直线，不能走出两条平行线。

此外，服务人员还应注意步速和步幅。步速是指行走速度，以一分钟为单位，男服务员应走110步左右，女服务员应走120步左右。适当的步速能反映服务人员主动积极的工作态度。步幅是指每走一步前后脚之间的距离。服务人员在餐厅行走时步幅不宜过大，因为步幅过大，人体摇摆幅度必然加大。服务人员需经常手持物品来往于餐厅和厨房之间，若身体摇摆幅度过大，容易发生意外，还会让客人产生一种逃窜的感觉。男服务员的步幅以40厘米左右为宜，女服务员的步幅以30厘米左右为宜。

4. 表情

表情是一种无声的语言。服务人员可通过表情向客人传递热诚、敬重、宽容和理解，给客人带来亲切和温暖。服务人员的表情应达到温文尔雅、彬彬有礼、稳重端庄、不卑不亢、和蔼可亲、毫无做作的要求。

任务实施

目标：了解餐饮从业人员职业形象礼仪，并能进行现场展示。

要求：小组成员轮流进行分享展示，谈一谈自己印象最深刻的就餐经历，并根据本节课内容谈一谈对餐饮服务和管理的认识。

场地：实训室。

评估：根据展示成果，由实训教师在表1-1中打分。

表1-1 餐饮从业人员职业形象礼仪实训考核表

考核时间：

姓名	项目一	项目二				得分(100分)
	餐饮服务和管理认识(20分)	站姿(20分)	坐姿(20分)	走姿(20分)	表情(20分)	

知识链接——星级评定标准对餐厅的要求

世界上酒店等级的评定多采用星级制。星级酒店是由国家(省级)旅游局评定的能够以"夜"为时间单位向旅游客人提供配有餐饮及相关服务的住宿设施，按不同习惯它也被称为宾馆、旅馆、旅社、宾舍、度假村、俱乐部、大厦、中心等。星级酒店应满足一定的条件和规模要求，其所取得的星级表明该酒店所有建筑物、设施设备及服务项目均处于同一水准。

根据《中华人民共和国星级酒店评定标准》，可将酒店分为一星级到五星级共五个标准。星级以镀金五星星为符号，一颗五角星表示一星级，两颗五角星表示二星级，三颗五角星表示三星级，四颗五角星表示四星级，五颗五角星表示五星级，五颗白金五角星表示白金五星级。最低为一星级，最高为白金五星级。星级越高，表示酒店的档次越高。2022年5月，全国旅游标准化技术委员会就国家标准《旅游饭店星级的划分与评定》(修订征求意见稿)公开征求意见，于2024年3月1日正式实施。

五星级酒店

五星级酒店是旅游酒店的最高等级。五星级酒店的设备十分豪华，设施非常完善、齐全。五星级酒店通常设有各种各样的餐厅，较大规模的宴会厅、会议厅，综合服务比较齐全，提供社交、会议、娱乐、购物、消遣、保健等活动中心。

四星级酒店

四星级酒店设备豪华，室内环境高雅，综合服务设施完善，服务项目多，服务质量优良，不仅能够为客人提供高级的物质享受，也能为客人提供很好的精神享受。

三星级酒店

三星级酒店设备齐全，不仅提供食宿服务，还提供会议室、游艺厅、酒吧间、咖啡厅、美容室等综合服务设施。三星级酒店属于中等水平，性价比较高，在国际上广受欢迎，数量较多。

二星级酒店

二星级酒店设备较为齐全，除提供客房、餐厅等基本设施外，还提供卖品部、邮电、理发等综合服务设施，服务质量较好。

一星级酒店

一星级酒店设备设施简单，主要满足客人食、宿两项基本需求。

学习法宝 思维导图

项目一 ▶ 餐饮概述

项目	·餐饮概述	日期	·
标题	·		

关键词	笔记内容
1.	1.
2.	2.
3.	3.

备注
1.
2.
3.

一、填空题

1. _____是平衡酒店经营季节性差异的重要部门之一。

2. 酒店的目标是向客人提供_____服务。

3. 对餐饮服务人员仪表的基本要求包括_____。

二、简答题

1. 餐饮服务有哪些特点？

2. 我国餐饮业发展呈现怎样的趋势？

3. 餐饮从业人员应该具备哪些职业素质？

021

项目二　餐饮服务基本技能

> 餐饮服务基本技能是指与餐饮业务相关的规范的基本工作方法或技巧。熟练地掌握餐饮服务基本技能是做好服务工作、提高服务质量的基本条件。餐饮服务每个环节的工作，如托盘、摆台、餐巾折花等都有特定的操作方法、程序和标准。服务人员要努力学习餐饮基本理论知识，刻苦训练，熟练掌握餐饮服务基本技能，在操作规范化、程序化和标准化的基础上，提供优质的个性化服务。

· 课程思政 ·

通过本项目的学习，培养学生严谨、细致的工作作风；教育学生爱学习、爱劳动也是爱国的具体表现，爱国无小事，从小事做起，才能成就大事，让学生懂得中国传统文化中"一屋不扫，何以扫天下"的道理；课程结束后，通过分组考核，培养学生善于发现问题、探究问题的精神，培养学生"三人行，必有我师焉"的谦虚求学精神和精益求精理念。

· 学习目标 ·

(1) 正确、熟练地掌握餐饮托盘服务技能。
(2) 正确、熟练地掌握铺台布服务技能。
(3) 了解餐巾折花造型，掌握餐巾折花技法。
(4) 正确、熟练地掌握中餐和西餐摆台服务技能。

项目二 ▶ 餐饮服务基本技能

学习重点

(1) 托盘服务技能。
(2) 餐巾折花、斟酒、摆台的基本服务技能。
(3) 中餐和西餐零点、宴会服务技能。

学习难点

(1) 中餐和西餐摆台服务技能。
(2) 餐台总体设计。
(3) 托盘服务技能。

情境导入——菜肴上错后

元旦的晚上,陈先生与夫人邀请了一帮好友到某星级酒店用餐。朋友们久未见面,开心地边吃饭边聊天。酒足饭饱后,陈先生正准备结账时,服务员又上了一道广式鳜鱼。

陈先生问夫人:"我们点广式鳜鱼了吗?"夫人摇了摇头,想问问服务员,服务员却离开了。这时,陈先生的朋友看到其他桌也有这道广式鳜鱼,便认为这是餐厅送给客人的菜品。正当大家吃得尽兴的时候,服务员走过来告诉他们,这道广式鳜鱼上错了,服务员对陈先生说:"不好意思,因为我的失误,错把其他桌点的广式鳜鱼放到你们桌上了,您看,大家都吃得这么开心,能不能算作你们点了这道菜?"未等陈先生发话,他的朋友连忙拒绝服务员的提议,说:"不是我们不想付钱,这是你们餐厅的问题,本来我们都已经吃完准备结账了,没想到你们又送来一道菜。我们还以为这道菜是节日优惠,不想辜负餐厅的美意,这才吃了几口,而你却让我们付钱,这说不过去吧?"

服务员见状,为了让客人满意,就对客人说:"你们来我们餐厅用餐,我们很高兴,为了表示我们的谢意,这道菜就算我请大家吃吧。"陈先生见服务员这么豪爽,又跑前跑后为他们服务,整个用餐过程十分愉快,就说:"我朋友是跟你开玩笑的,下次你上菜注意一点,不要再犯同样的错误就行了,这道菜还是我们买单吧,谢谢你的好意。"

服务员忙说:"谢谢您的谅解,下一次您光临我们餐厅的时候,我保证让您满意。"

托盘服务
技能(中文)

托盘服务
技能(英文)

托盘服务
技能(泰文)

课堂笔记

学习心得

课外拓展

情境分析

本案例中的失误是因为服务员没有仔细核对菜单。上错菜往往会涉及两桌客人，所以处理起来比较麻烦。吃错菜的这一桌客人会以餐厅过错为由拒绝付款，而点了菜却没有上菜的那一桌客人一直在焦急地等待菜肴，说不定还会以上菜慢为由向餐厅投诉，给餐厅带来麻烦。所以服务员在上菜之前一定要核对菜单，做到准确无误，杜绝此类情况的发生。本案例中，客人宽容大度，没有追究服务员的过错，所以没有给餐厅造成损失。如果客人拒付，也不能勉强客人，此类经济损失应该由直接责任人承担。

任务一 托盘服务技能

托盘是餐厅服务员向客人端送食品、饮料和餐饮用具的常用工具之一。在餐厅服务工作中，无论是运送食品、摆台、撤换餐用具还是结账、收款，都要使用托盘，因此，餐厅服务员应掌握托盘服务技能。

一、托盘的分类

按托盘的材料和质地，可将托盘分为金属托盘(如铝制、不锈钢制等)、硬质塑料托盘、搪瓷托盘、木质托盘等。

按托盘的尺寸，可将托盘(圆托盘)分为大(直径>55厘米)、中(50厘米<直径<55厘米)、小(直径<50厘米)三种规格。

按托盘的形状，可将托盘分为正方形托盘、长方形托盘、圆形托盘和多边形托盘等。

二、托盘的作用

大长方形和大正方形托盘，主要用于运送菜肴、酒水、盘碟等分量较重的物品，一般在大中型宴会或托送重物时使用。

中型托盘(中正方形和中圆形)用途较广，既可以运送菜肴，也可以托送酒水，还可以用于摆撤餐台、收拾餐具等。

小型托盘多用于送茶、咖啡、饮料、糖果等小件物品，也可用于递送账单或表单。

圆托盘一般用于在服务过程中摆设或更换餐具、酒具和其他体积较小的用品用具，也可用于端送饮料、食物等。

物品较轻时，一般使用圆托盘；物品较重、较多时，一般选用大、中型方盘。

三、托盘的使用方法

按所托物品的重量，可将托盘的使用方法分为轻托与重托两种。

(一) 轻托

轻托也称为胸前托，一般用于席间服务，所托物品重量一般在5kg以内。

1. 理盘的要求

使用前先选择好托盘，洗净擦干。在盘内垫上洁净的垫布，铺平拉挺，垫布四边与盘底相齐，这样既可使托盘整洁美观，也可避免盘内物品滑动。

2. 装盘的要求

根据派用顺序在盘中合理摆放各种不同类型的物品。盘内物品应排列整齐，尽量摆成圆形或横竖成行。较重或较高的物品放在托盘中靠近身体的一侧，较轻或体积较小的物品放在托盘外侧；先用的物品放在托盘外侧，后用的物品放在托盘靠近身体的一侧。盘内物品的重量分布要均匀，重心要安排在托盘中心或靠近身体的一侧。装盘时物品与物品之间要留有一定的间隔。

3. 轻托的手法

按要求装盘后，以右手拉盘，屈膝(左腿)，左手托于盘底，将托盘托起。左手臂自然弯曲90°，掌心向上，五指自然分开，以大拇指端到手掌的掌根部位和其余四指托住盘底，手掌自然形成凹形，掌心不与盘底接触。在托起托盘时，右手先将托盘从左边拉出1/2，左手托在托盘的中间位置，平托于胸前，基本位置在第二颗衣扣和第三颗衣扣之间。

4. 行走与步伐的要求

行走时，应头正肩平，身体挺直，目视前方，脚步轻快稳健，精力集中。在为客人服务的过程中，持托盘的左手与上半身应保持一定距离，不能紧贴上半身。这是因为人在走动时身体会轻微晃动，如果托盘紧贴上半身，就会随着身体的晃动而晃动，托盘中的物品可能会因此滑落，托盘中的菜品也可能因此发生汤水外溢，而且托盘姿势也不优美。

托盘行走时的步伐可归纳为以下六种。

(1) 常步。步距均匀，快慢适当，用于餐厅日常服务。此步伐适用于餐厅大堂，故又称"堂步"。

(2) 快步。急行步，步距较大，步速较快，但不能形成跑步。此步伐适用于端送火候菜。

(3) 碎步。小快步，步距小，步速快，上身保持平稳。此步伐适用于端送汤类菜肴。

(4) 跑楼梯步。身体略向前倾，重心前移，步距较大，上升速度要快而均匀，巧妙利用身体和托盘的运动惯性，既快速又省力。

(5) 垫步。垫步用于需要侧身通过的场景，右脚侧一步、左脚跟一步，一步紧跟一步。有时候服务员为了及时上菜，也需要采用垫步。

(6) 巧步。服务员托盘行走时，如果对面突然走来客人或遇到其他障碍，需要临时停步或放慢步速，以免发生冲撞，这时应采用巧步。

5. 轻托的注意事项

使用托盘时，切勿以拇指向上按住盘边、四根手指托在盘底；不能将托盘紧贴上身，以免托盘随步伐左右摇动，导致盘中物品滑动或发出响声。用轻托方式为客人斟酒时，一要注意左手向外侧伸，否则托盘正好与座位上的客人肩部平行，容易发生碰撞；二要注意随时调整托盘重心，以免托盘内的酒水翻倒泼洒到客人身上；三要注意不可将托盘越过客人头顶，以免发生意外。用轻托方式撤台时，要随时注意盘内物品的摆放，掌握好托盘的重心。用轻托方式摆放物品时，应将重物如餐盘等放在托盘靠近身体的一侧，将筷、勺等较轻的物品放在外侧，分类放齐，这样既整齐又安全。用轻托方式托送饮料杯和带汤的菜肴时，切忌僵硬死板，以免因摆动幅度大而使汤汁外溢。

(二) 重托

重托又叫肩上托，一般指托5kg以上的物品，常用于宴会跑菜、送汤、收拾大规格菜盘等，多使用大型托盘。重托的操作程序与轻托相同，但具体要求不同。

1. 理盘的要求

重托托盘常用于送菜、送汤和收放脏碗碟，比较脏污，因此在使用前须认真洗擦，并根据需要在盘内铺上微湿的洁净垫布。

2. 装盘的要求

将物品均匀地装于盘内，将较重较高的物品放在盘中间，确保中间高、四周低。盘内物品要摆稳，物品之间要留有一定间隔。装盘时切忌将所有物品不分大小、形状、体积混装在一个盘内，这样物品容易滑动，甚至落地打碎。

3. 重托的手法

起托时，先将托盘用右手拉出1/3，一般盘面应横向人体，左手五指分开，用掌托住盘底，掌握好重心后，用另一手护持。右手扶住托盘边，用手掌托住盘底中央处。掌握好重心后，用右手协助左手将盘面向上托起，再轻轻转动手腕，将托盘托于左肩上，盘面顺着左手掌成"一"字形。托盘时盘不靠肩，全靠左手掌托住；盘前不近嘴，不挡脸部和视线；盘后不靠头发，保持卫生。

4. 行走与步伐的要求

重托行走时，步伐不宜过大，步速不宜过快。为保证安全，右手可以扶住托盘的前内角，也可以自然下垂摆动。切忌盘面左右或前后晃动，更不能让盘面向外倾斜。

左手转掌落托盘时，要用左臂或左手将盘向前推进。落托盘后，应及时将盘内物品整理好，将盘面洗擦干净。

任务实施

目标：掌握托盘技能。

要求：熟练掌握轻托的操作技能，理盘、装盘、起托、行走、卸盘的方法正确，能够持续托盘10分钟，保持平稳，无翻盘、杯中水外溢等情况发生。

方法：每个学生一个托盘，先托2个空啤酒瓶，后托2个装满水的酒瓶(可用5瓶矿泉水或者水气球代替)。5人一组，由老师先示范，然后每人分别进行实际操作，实训内容如表2-1所示。

工具：托盘、酒瓶、矿泉水5瓶或水气球。

场地：实训室。

评估：根据考核标准，由实训教师在表2-1中打分。

表2-1 餐饮服务技能训练——托盘实训考核表

学生姓名： 考核时间：

项目	细节要求	分值	扣分	得分
理盘 (轻托、重托) (6分)	洗净，擦干	1		
	根据所托物品选择托盘，如果选用非防滑盘，视情况在盘内垫上洗净的口布或专用防滑垫	2		
	垫布铺平拉直	1		
	操作手法利落	2		
装盘 (轻托、重托) (10分)	根据物品的形状、体积和使用先后顺序合理装盘。一般较重、较高的物品放里侧，较低、较轻的物品放外侧；先用的物品放外侧，后用的物品放里侧；重量分布要均匀	7		
	标签向外	3		
起托(轻托) 酒瓶2个(用水装满) 矿泉水5瓶或水气球(用水装满) (10分)	左脚向前一步，身体略前倾，身体重心始终在前脚掌心，先用双手将盘子一头托至搁台外，把手掌放开，用左手托在托盘底部，掌心位于底部中间，右手握住盘边，将托盘拉出台面1/3(保持托盘边约有15厘米搭在托盘台上)	3		

(续表)

项目	细节要求	分值	扣分	得分
起托(轻托) 酒瓶2个(用水装满)矿泉水5瓶或水气球(用水装满) (10分)	左手托盘，五指自然分开，指实而掌心虚，掌心不与盘底接触，托住盘的中心，使托盘平衡，托盘重心在手掌心	5		
	左手托稳托盘，前托于腰部上方，腰部离肘部约15厘米	2		
姿态(3分)	左手托盘，大臂自然下垂，小臂与大臂成90°，右臂自然下垂放回体侧，成站立姿势	3		
行走(轻托) (11分)	托盘行走时上身挺直，头正、肩平，目视前方，面带微笑，动作敏捷，精力集中，步伐稳健，精神饱满	4		
	手腕自然灵活，托盘不贴腹，上臂不靠身	2		
	行走中托盘始终保持平衡，所托物品不倾倒、不滴洒、不掉落地面	5		
应急处理 (轻托行进时) (2分)	托盘行走时，如果有客人迎面而来，应该避让请客人先行。若是在狭窄的通道中遇到客人，应托盘侧身站立，面对客人，请客人先行；若是在宽敞的地方遇到客人，应该改变行进线路避让	2		
落盘(轻托) (4分)	卸盘时，左脚向前一步，身体向前倾，右手协助向前推托盘，将托盘放回工作台	4		
起托(重托) 矿泉水5瓶或水气球 (11分)	屈双膝，双腿用力使托盘上升而不是直接用手臂发力，然后用手掌稳稳地托住盘底	3		
	左手托盘，手肘向上弯曲，离腰部约15厘米，小臂与身体平行，掌心向上，手掌略高于肩2厘米	4		
	五指自然张开，大拇指指向左肩，其余四指向左上方分开，五指与掌根掌握托盘平衡，重心落于掌心或掌心稍内侧	4		
行走(重托) (9分)	托盘行走时，上身挺直，头正、肩平，目视前方，面带微笑，动作敏捷，精力集中，步伐稳健，精神饱满	4		
	行走中托盘始终保持平衡，所托物品不倾倒、不滴洒、不掉落地面	5		
落盘(重托) (4分)	卸盘时，将托盘从肩部放下，身体向前倾，右手协助托盘向前推，将托盘放回工作台	4		
理论知识 (30分)	老师负责理论知识考核，根据学生的技能掌握情况打分	30		
合计				100
备注：轻托、重托行走时间规定为10分钟				

任务二　铺台布服务技能

一、摆台要求

餐台是餐厅为客人提供服务的主要设施之一。布置餐台称为摆台，它是指将餐具、酒具以及辅助用品按照一定的规格整齐美观地铺设在餐桌上的操作过程，包括铺台布、排列餐台、安排席位、摆放餐具等。摆台要求清洁卫生、整齐有序、物品放置得当、配套齐全，这样既能方便客人用餐，又能保证客人用餐环境的舒适，从而提升客人的用餐体验。

二、台布的种类与规格

台布也称为桌布，其种类和规格繁多。台布有纯棉、化纤等多种材质，颜色多种多样，图案有团花、散花、工艺绣花等。台布的颜色应该与餐厅的装饰、风格相协调。台布的规格也应与餐桌的规格一致，不能太大或太小。有些餐厅的餐桌上铺双层台布，同时桌边设有台裙，较为讲究。

台布主要有以下规格，分别适用于不同的情况。
(1) 180厘米×180厘米的台布，可供4～6人餐桌使用。
(2) 220厘米×220厘米的台布，可供8～10人餐桌使用。
(3) 240厘米×240厘米的台布，可供10～12人餐桌使用。
(4) 260厘米×260厘米的台布，可供14～16人餐桌使用。
(5) 180厘米×360厘米的台布，可供16人以上长台使用。

零点餐厅通常使用180厘米×180厘米或220厘米×220厘米的台布；宴会厅通常使用240厘米×240厘米或260厘米×260厘米的台布。

三、铺台布的要求

服务员在铺台布之前，应先洗净双手，然后对台布进行检查，如发现台布有破洞、油迹和褶皱，应及时调换。以直径为180厘米的圆桌为例，铺台布时，台布中间的十字折纹的交叉点应位于餐桌的中心；台布中心凸缝朝上，中心线直对正、副主人席位；台布四角自然下垂，下垂部分与地面距离相等；铺好的台布，图案应在餐桌中间，平整无褶皱。

四、铺台布的方法

1. 推拉式

服务员选好台布，站在副主人座位处，将台布打开后放至餐台上，用两手

铺台布服务训练(中文)

铺台布服务训练(英文)

铺台布服务训练(泰文)

课堂笔记

学习心得

课外拓展

的大拇指和食指分别夹住台布的一边，其余三指抓住台布，将台布贴着餐台平行推出再拉回来。铺好后，台布中间的折线对准主人席位，十字折纹的交叉点居中，四面下垂部分对称并且与地面等距，不可搭地。

2. 抖铺式

服务员选好台布，站在副主人位置上，将台布打开，用两手的大拇指和食指分别夹住台布的一边，其余三指将多余台布提拿于胸前，身体呈正位站立式，利用双腕的力量，将台布向前一次性抖开并平铺于餐台上。这种铺台布方法适合于较宽敞的餐厅或工作时周围没有客人就座的情况。

3. 撒网式

服务员选好台布，站在副主人的位置，呈右脚在前、左脚在后的站立姿势，将台布正面朝上打开，用两手的大拇指和食指分别夹住台布的一边，其余三指将多余台布提拿至左肩后方，上身向左转体，下肢不动，在右臂与身体回转的同时，将台布斜着向前抛出去，同时上身转体回位并恢复至正位站立，这时台布应平铺于餐台上。

任务实施

目标： 掌握铺台布操作技能。

要求： 分别按照餐厅铺台布的三种方法和程序，进行铺台布的实训练习，操作程序如表2-2所示。

工具： 餐桌、台布。

场地： 实训室。

表2-2　餐饮服务技能训练——铺台布操作考核表

学生姓名：　　　　　　　　　　　　　　　　　　　　　　　考核时间：

项目	项目评分细则	分值	扣分	得分
准备工作 (15分)	检查布草，确保口布和台布无油渍、无破损	5		
	仪态规范	10		
铺台布 (60分)	抖铺式(铺好的台布中间的折线对准主位，十字折纹居中，四面下垂部分对称并且能遮住台脚的大部分)	20		
	推拉式(用双手将台布打开，用两手的大拇指和食指分别夹住台布的一边，其余三指将多余台布提拿于胸前，身体呈正位站立式，利用双腕的力量，将台布向前一次性抖开并平铺于餐台上)	20		
	撒网式(将台布正面朝上打开，用两手的大拇指和食指分别夹住台布的一边，其余三指将多余台布提拿至左肩后方，上身向左转体，下肢不动并在右臂与身体回转时，将台布斜着向前抛出去，同时上身转体回位并恢复至正位站立)	20		

项目二 ▶ 餐饮服务基本技能

(续表)

项目	项目评分细则	分值	扣分	得分
综合印象 (25分)	台布四角均匀对称	4		
	与桌脚垂直正面朝上	4		
	十字折纹居中	3		
	一次铺设成功	10		
	操作过程中动作规范、娴熟、敏捷、声轻、姿态优美，能体现岗位气质	4		
合计				100
操作时间： 分 秒 超时： 秒 扣分 分				
物品落地、物品碰倒、物品遗漏扣分： 分				
实际得分				

餐巾折花的造型与技法（中文）

餐巾折花的造型与技法（英文）

餐巾折花的造型与技法（泰文）

任务三　餐巾折花服务技能

餐巾折花是指将餐巾折叠成不同的造型。餐巾折花美观大方，尽显礼仪，能给客人留下良好印象。

一、餐巾的作用和类型

餐巾也称口布、茶巾、席巾、花巾等，是餐桌上常用的保洁和美化方巾。

(一) 餐巾的作用

1. 清洁卫生

客人用餐时，将餐巾放在膝上或胸前，可用来擦嘴或防止汤汁、酒水弄脏衣物。

2. 装饰美化餐台

不同的餐巾造型，蕴含着不同的宴会主题。将形状各异的餐巾花摆放在餐台上，既美化了餐台，又增添了庄重热烈的气氛，给客人以美的享受。

3. 烘托就餐气氛

将餐巾折成喜鹊、和平鸽等造型，表示欢快、和平、友好，能给人以愉悦之感。将餐巾折成比翼双飞、心心相印的造型，可以表达永结同心、百年好合的美好祝愿。在不同的情景中，餐巾折花可以表达不同的主题，从而烘托就餐气氛。

4. 标示主宾席位

服务员在折餐巾花时应先确定主宾位配置的花形，通常情况下，主宾位的餐巾花应高于其他座位的餐巾花，以示尊贵。

(二) 餐巾的类型

1. 按餐巾的质地分类

(1) 纯棉织品。这类餐巾的特点是吸水性强、去污力强；浆熨后挺括，易折成型，造型效果好，但仅能折一次，因为容易留下折痕；手感柔软，但清洗麻烦，需要洗净后上浆、熨烫。

(2) 棉麻织品。这类餐巾的特点是质地较硬，不用上浆也能保持挺括。

(3) 化纤织品。这类餐巾的特点是颜色亮丽，透明感强；富有弹性，比较平整，如一次造型不成，可以二次造型；不用浆熨，使用方便，但可塑性不如纯棉织品和棉麻织品；易清洗，但吸水性差；去污力不如棉麻织品，手感较差。

(4) 纸质餐巾。这类餐巾的特点是成本低，更换方便；可循环再利用，但是不够环保；质感较差，会给人一种非正式和低档次的感觉。

2. 按餐巾的颜色分类

(1) 白色餐巾。白色餐巾应用最广泛，给人以清洁、卫生、典雅、文静之感，可以调节人的视觉平衡，可以安定人的情绪，但是不耐脏。

(2) 冷色调餐巾。冷色调餐巾给人以平静、舒适的感觉，常用的有浅绿、浅蓝、中灰色餐巾，比较适合在夏天使用，能给人以凉爽、舒适之感。

(3) 暖色调餐巾。暖色调餐巾给人以兴奋、热烈、富丽堂皇、鲜艳醒目的感觉，常用的有粉红色、橘黄色、淡紫色餐巾。例如，大红、粉红色餐巾给人以庄重、热烈的感觉；橘黄、鹅黄色餐巾给人以高贵、典雅的感觉。

(4) 条状色餐巾。条状色餐巾具有不同于一般餐厅用具的风格，给人以清爽、新奇的感觉，主要用于零点餐厅、西餐厅。

3. 按餐巾的规格分类

按餐巾规格，可将其分为大、小两种。一般说来，45厘米×45厘米的方餐巾，在折叠造型、实际使用等方面都比较适宜，当然依据实际情况亦可略有伸缩，但伸缩幅度最好不超过5厘米，否则会影响效果。餐巾的形状应为正方形，边缘平直或呈波浪形曲线皆可；巾角最好为尖圆形，这样便于折鸟头、花瓣等形状。餐巾若有彩色拷边或在一角绣以简朴的花纹，并在折制时巧妙加以利用，则造型效果更好。

二、餐巾花的基本类型

(一) 按照餐巾花的盛器分类

1. 杯花

杯花一般用于正式的宴会中，不同的宴会有相对稳定的餐巾花搭配和设计。杯花的特点是折叠技法复杂、程序较多，有一定的操作技巧和服务规范，造型别致、多种多样。

2. 盘花

盘花一般用于西餐和中餐零点餐厅中。盘花的特点是折叠简单，操作方便，造型简洁、明快、完整，餐巾折痕较少，成型后不会自行散开，可放于盘中或其他盛器内。

3. 环花

将餐巾平整卷好或折叠造型，套在餐巾环内，称为环花。餐巾环也称为餐巾扣，有瓷制、银制和塑料制等。环花通常放置在餐盘上，特点是简洁、雅致。

(二) 按照餐巾花的造型分类

1. 植物花

这类餐巾花主要模仿植物的花、叶、茎、果实等做造型，是餐巾花中最重要的一类。例如，花卉类餐巾花模仿月季、荷花、梅花、牡丹、玫瑰、水仙、鸡冠花等做造型；叶类餐巾花模仿荷叶做造型；茎类餐巾花模仿竹笋做造型；果实类餐巾花模仿玉米做造型。

2. 动物花

这类餐巾花主要模仿鱼、虫、鸟、兽等的整体形态或局部特征做造型，常见的有孔雀、凤凰、鸽子、鸳鸯、仙鹤、海鸥等飞禽造型，白兔、松鼠等走兽造型，蝴蝶、蜻蜓等昆虫造型，以及金鱼、对虾、海螺等造型。动物造型形态生动，活泼可爱。

3. 实物花

这类餐巾花模仿生活中的各种实物形态做造型，常见的有花篮、领带、折扇、风帆、帽子等造型。

4. 抽象花

这类餐巾花比较少见，但是近年来有一些个性餐厅和主题餐厅在提供餐饮服务时开始使用这类餐巾花。

三、餐巾折花的基本技法

餐巾折花的基本技法有8种，即叠、折、卷、穿、翻、拉、捏、掰。

(一) 叠

"叠"是最基本的餐巾折花技法，几乎所有的造型都要使用这种技法。叠就是将餐巾一折为二、二折为四，或折成三角形、长方形、菱形、梯形、锯齿形等形状。叠有折叠、分叠两种。叠餐巾时要熟悉造型，避免反复叠，否则就会在餐巾上留下痕迹，影响后续造型效果。

叠的基本要领是找好角度，一次叠成。

(二) 折

"折"是打褶时运用的一种技法。折就是将餐巾叠面折成褶裥的形状，使花形层次丰富、紧凑、美观。打褶时，双手的拇指和食指分别捏住餐巾两头的第一个褶裥，两个大拇指相对成一线，指面向外；再用两手的中指按住餐巾，并控制好两个褶裥的距离。拇指、食指的指面捏住餐巾向前推折至中指外，用食指将推折的褶裥挡住，腾出中指去控制下一个褶裥的距离，三根手指如此互相配合。

折可分为直线折和斜线折两种方法。如果餐巾花两头一样大小，用直线折；如果餐巾花一头大一头小，或折半圆形和圆弧形，用斜线折。

折的基本要领是折出的褶裥要均匀、整齐。

(三) 卷

"卷"是用大拇指、食指、中指三个手指相互配合，将餐巾卷成圆筒状的一种折花技法。卷分直卷和螺旋卷。直卷分为单头卷、双头卷、平头卷。直卷要求餐巾两头卷平。螺旋卷分两种，一种是先将餐巾叠成三角形，餐巾边参差不齐；另一种是将餐巾一头固定，卷另一头，或一头多卷，另一头少卷，使卷筒一头大、一头小。不管是直卷还是螺旋卷，餐巾都要卷得紧凑、挺括，否则餐巾花会松软无力、弯曲变形，影响造型。

卷的基本要领是卷紧、卷挺。

(四) 穿

"穿"是指将餐巾折好然后攥在左手掌心内，用筷子一头穿进餐巾的褶缝里，然后用右手的大拇指和食指将餐巾一点一点向后拨，直至筷子穿出餐巾为止。穿好后先把餐巾花插入杯子内，然后再把筷子抽出，否则餐巾花容易松散。根据需要，一般要穿一两根筷子。

穿的基本要领是穿好的褶裥要平、直、细小、均匀。

(五) 翻

"翻"大多用于折花鸟造型和矮花造型。操作时，一手拿餐巾，一手将下垂的餐巾翻起一个角，翻出花卉或鸟的头颈、翅膀、尾巴等形状。翻花叶形状时，要注意叶子应对称，大小一致，距离相等。翻鸟的翅膀、尾巴或头颈形状时，一定要使其挺拔。

翻的基本要领是大小适宜、自然、美观。

(六) 拉

"拉"一般用于餐巾花半成型时。操作时，左手握住半成型的餐巾花，用右手拉出一个角或几个角。

拉的基本要领是大小比例适当、造型挺拔。

(七) 捏

"捏"主要用于餐巾花中"鸟"的头部造型。操作时，先将餐巾一角拉挺作为"鸟"的颈部，然后用一只手的大拇指、食指、中指捏住鸟颈的顶端，食指向下，将巾角尖端向里压下，用中指与拇指将压下的巾角捏出尖嘴状，作为鸟头。

捏的基本要领是棱角分明，头顶角、尖角到位。

(八) 掰

"掰"是指将折好的餐巾褶裥用手一层一层掰出层次，使其呈花蕾状。掰时不要用力过大，以免松散。

掰的基本要领是层次分明、间距均匀。

四、餐巾花的选择与摆放

(一) 餐巾花的选择

选择餐巾花造型时，一般应考虑宴会规模、宴会主题、花色冷盘及菜肴特色、季节、接待对象、主宾席位等因素。

1. 根据宴会规模选择餐巾花造型

大型宴会可选择简洁、挺拔的餐巾花造型。每桌可以选用两种餐巾花，确保每个台面的餐巾花不同，以突出台面多彩多姿。如果是一两桌的小型宴会，可以在同一桌上使用多种餐巾花造型。

2. 根据宴会主题选择餐巾花造型

主题宴会因主题各异、形式不同，所以选择的餐巾花造型也不同，可根据宴会性质选择相适应的餐巾花造型，以起到锦上添花的作用。例如，举办接待外国友人的宴会时，选用"和平鸽""迎宾花篮"等餐巾花造型，可表达热爱和平、增进友好往来、欢迎嘉宾的情感；举办婚嫁宴会时，可选用"鸳鸯""喜鹊""花蕊彩蝶"等餐巾花造型，以示庆贺；举办祝寿酒席，可选用"寿桃""仙鹤"等餐巾花造型，以示"寿比南山""吉祥如意"；洽谈生意宴请时，可选用"春笋""蓓蕾"等餐巾花造型，以示蓬勃发展、成功在即。

3. 根据花色冷盘及菜肴特色选择餐巾花造型

在中餐宴会中，往往冷盘先上桌，客人再入席，因此依据花色冷盘选择餐巾花造型，可取得整体美的效果。例如，上蝴蝶冷盘时，可选择花卉的餐巾花造型，形成"花丛彩蝶"的台面；上凤凰冷盘时，可选配各种飞禽的餐巾花造型，形成"百鸟朝凤"的台面。此外，还可根据风味宴、名菜宴的菜单选择餐巾花造型。例如，以海鲜为主的宴会，可选用鱼虾的餐巾花造型；蟹宴可配以蟹形盘花，等等。餐巾花造型与宴会内容配合，既可形成台面的和谐美，紧密配合宴会主题，又可突出中餐美食特色。

4. 根据季节选择餐巾花造型

在春季举办的宴会，可选择迎春、月季等花卉餐巾花造型，以烘托满园春色的气氛；在夏季举办的宴会，可选择荷花、玉兰花等花卉造型，可使客人感到清爽；在秋季举办的宴会，可选择菊花、秋叶等花卉造型；在冬季举办的宴会，可选择梅花、天竹等花卉造型。按季节选择餐巾花造型，能够给客人带来时令感。

5. 根据接待对象选择餐巾花造型

客人可能来自不同的国家和地区，他们在性别、年龄、宗教信仰、风俗习惯等方面都存在差异，这就需要服务人员根据实际情况区别对待，尽可能选择客人喜欢的餐巾花造型。通常情况下，日本客人喜欢樱花，韩国客人喜欢无穷花，法国客人喜欢百合花，美国客人喜欢山茶花，埃及客人喜欢莲花，英国客人喜欢蔷薇，等等。对于信仰伊斯兰教的客人，忌用与猪相关的餐巾花造型。接待青年女性客人，宜选择孔雀、凤凰和各种花卉的餐巾花造型。在庄重的宴会上不适合摆放小动物餐巾花造型，等等。

6. 根据主宾席位选择餐巾花造型

宴会主人、主宾席位上的餐巾花(常称之为主花)造型，应选择品种名贵、做工精致、美观醒目的特征，以使主位更加突出。

总之，选择宴会餐巾花造型时，应根据接待对象、宴会特色、时令季节等因素灵活处理。服务人员应体察细微、把握宴会特点，恰到好处地选用餐巾花造型，提升宴会档次。

(二) 餐巾花的摆放

餐巾花的应用比较广泛，大至国宴摆台，小到家庭装饰均可见到。那么，如何正确摆放餐巾花呢？餐巾花的总体摆放要求是整齐美观、位置适当、便于观赏、使用方便，尽可能与台布、器皿的色调和谐。

1. 要区别插摆

餐巾花一般插入水杯、酒杯或摆放在食盘中，因此要区别插摆。

如果餐巾花底部较粗大，宜插在水杯中；如果餐巾花底部较细小且紧扎，宜插在高脚杯中；如果餐巾花需要平摊摆放，则宜搁置在食盘里。

餐巾花插入玻璃杯中的深度要适当；露在杯外的部分为观赏部分，是主要的部分，因此插放时应注意保持造型完整。由于玻璃杯是透明的，插入杯内的餐巾花部分也应确保线条清楚，不能乱插乱塞。插餐巾花时可一手持杯的下部，一手持花，慢慢顺势插入，最后整理餐巾花，使之形态逼真。

放在食盘或骨盘里的餐巾花要摆正摆稳，使其挺立不倒。

2. 品种要搭配得当，高低错落有致

"主花"明显突出的不同品种餐巾花同桌摆放时，要将形状、高低、大小相似的餐巾花错开并对称摆放，不宜将造型相似的餐巾花摆在一起。"主花"要摆设在主人席位上，以突出主位，区别于其他客人。

3. 注意餐巾花摆设朝向

摆设餐巾花时，应使其观赏面正对客人席位。摆设宜于正面观赏的餐巾花时，应使动物造型的头朝向右方，如摆设"孔雀开屏"要将孔雀的头朝向客人；摆设宜于侧面观赏的餐巾花时，要选择宜于客人观赏的侧面角度。

4. 注意摆放距离

各个餐巾花的摆放距离要均匀，整齐一致，不要遮挡餐具和台上用品，也不要影响服务操作。

五、餐巾折花注意事项

(一) 选择合适的餐巾

餐巾的质地、色泽、规格，应根据宴会主题和具体情况而定。若选用棉布餐巾，应经过浆洗、熨烫，这样折出的餐巾花才能挺拔美观。浆洗的方法是先将餐巾漂洗干净，再放入浆液中上浆。过浆餐巾须晾至八成干时再熨烫。熨烫要均匀、平整，以保持餐巾的挺拔。

(二) 注意清洁卫生

餐巾要保持卫生清洁。因为客人有时会用餐巾擦抹食器和嘴，若餐巾花不卫生，就会损害客人的健康。经过浆烫的餐巾一定要妥善保管，特别是夏季，温度和湿度都很高，餐巾极易霉变，所以应将浆烫后的餐巾放在通风干燥处，以便随时取用。此外，在折花操作前，操作者要洗净双手，剪短指甲，穿干净的工作服；操作过程中不能用嘴咬餐巾，也不要多说话，以防唾沫弄脏餐巾。

(三) 准备好操作工具

操作工具选用得当，操作者才能得心应手。因此，除了选择合适的餐巾外，还应选择圆滑干净的筷子，清洁明净、大小适宜的酒杯，以及平整光洁的操作台。

(四) 选好造型，力争一次成型

折餐巾花之前，应熟悉所折造型的操作程序。操作姿态要正确，手法要灵活，用力要得当，角度要算准，褶裥要均匀，力争一次成型。如果不得要领，一再返工，则会影响餐巾花的造型效果。

(五) 注意餐巾花的禁忌

服务人员应了解各个国家和地区的禁忌。例如，日本客人忌讳荷花图案，并认为梅花为不祥之花；英国客人忌用大象图案，认为大象是蠢笨的象征，还把孔雀看作淫鸟、祸鸟，连孔雀开屏也被认为是自我炫耀和吹嘘；法国客人忌用黑桃图案，讨厌仙鹤图案，认为仙鹤是蠢汉和淫妇的代称；美国客人讨厌蝙蝠，认为它是凶神恶煞的象征；意大利客人忌用菊花，因为菊花盛开的季节是人们扫墓的时候；埃及客人忌讳熊猫，因为熊猫的形体近似猪。

(六) 餐巾要有专人保管

餐巾使用完毕后，要点数回收，及时浆洗烫平，保管时不可折叠存放，以防留下折痕。

任务实施

目标：按中餐10人台的标准折叠餐巾花并展示，鼓励学生设计餐巾花与创新布置。

要求：操作时间为10分钟(提前完成不加分。每超过30秒，扣总分1分；不足30秒，按30秒计算，以此类推。超时2分钟不予继续考试；未操作完毕，不计分)。

10个餐巾花中，要有3个动物造型、3个植物造型、4个实物造型，其中盘花数量不能超过4个。

工具：水杯、盘子、餐巾、餐桌。

场地：实训室。

评估：实训教师根据学生折叠餐巾花的情况，在表2-3中打分。

表2-3 餐饮服务技能训练——折餐巾花过程性考核表

学生姓名： 考核时间：

项目	项目评分细则	分值	扣分	得分
礼仪展示 (25分)	服饰整洁得体，发型端庄大方	5		
	化妆，淡妆自然，表情亲切和蔼	10		
	仪态规范	10		
折花 (60分)	造型美观、大小一致，突出正副主人	20		
	餐花在盘中或杯中摆放一致整齐	40		
综合印象 (15分)	餐巾花造型新颖、符合主题	5		
	布件颜色协调、美观	2		
	整体设计高雅、华贵	2		
	操作过程中动作规范、娴熟、敏捷，声轻，姿态优美，能体现岗位气质	5		

项目二 餐饮服务基本技能

(续表)

项目	项目评分细则	分值	扣分	得分
	合计	100		
操作时间： 分 秒　　超时： 秒　　扣分： 分				
物品落地、物品碰倒、物品遗漏扣分： 分				
实际得分				

中餐摆台训练(中文)

中餐摆台训练(英文)

中餐摆台训练(泰文)

任务四　中餐摆台技能

根据不同的服务对象，中餐摆台分为中餐零点餐摆台、中餐团体包餐摆台和中餐宴会摆台。中国地域辽阔，各地习俗不同，对餐具及用具的使用也有一定的差异，因此在中餐摆台时，餐具与用具的摆放应因地制宜、体现特色。本书介绍一般酒店中常用餐具与用具的基本摆放方法。

一、中餐零点餐摆台

(一) 零点餐的概念及特点

1. 零点餐的概念

零点餐是指未预订的散客到中餐厅用餐的就餐形式。向这类客人提供的摆台服务称为零点餐摆台。零点餐摆台分为早餐、中餐和晚餐三种情况。

2. 零点餐的特点

(1) 客人就餐时间具有灵活性。散客活动自由，用餐时间亦以方便其个人活动为准，一般不会事先通知餐厅，这就要求餐厅随时做好对客服务的准备。零点餐厅往往营业时间长，服务工作量大。

(2) 客人对菜品的需求具有多样性。客人多少不定，要求标准不一，点餐时往往根据个人喜好，随意性强，对菜品种类多样化需求明显。

(3) 客人要求服务及时、周到。零点餐客人对就餐场所的选择具有自由性，会根据餐厅环境、菜品价格、菜品质量、卫生情况、服务态度以及服务质量等因素选择餐厅。所以，零点餐厅不仅要提供优美的环境、优质的菜品，还要提供优质的服务，从而赢得客人的信任。客人高兴而来、满意而归，"头回客"才能成为"回头客"，餐厅的声誉和效益才能提高。

(二) 零点早餐摆台

"一日之计在于晨"，人们通常会把重点工作安排在上午完成，如果早餐没有足够的营养补充，人就没有体力和精神，因此早餐对客人来说是非常重要的。受时间和习惯的影响，早餐供应时间一般比较短，餐点也较为简单，所以中餐早餐的摆台相应就比较简单。零点早餐的摆台方法如下所述。

(1) 骨碟的摆放。骨碟应与座位正中心对齐，距桌边1.5厘米处。

(2) 餐巾的摆放。餐巾通常折盘花，放在骨碟上，观赏面朝向客人。

(3) 汤碗、汤匙的摆放。汤碗摆在骨碟的正前方，间距1厘米；汤匙摆在汤碗内，匙柄向左。

(4) 筷子、筷架、筷子套的摆放。筷架摆在骨碟的右侧，筷架与汤碗中心在一条直线上；筷子摆在筷架上，筷子底部距桌边1.5厘米；筷子套正面朝上，店徽在上。

(5) 茶具的摆放。茶碟摆在筷子右侧，茶杯扣放在茶碟上，杯柄向右，与茶碟中心、骨碟中心在一条直线上。

(6) 牙签盅、调味品的摆放。牙签盅、调味品摆在台布中线的附近。

(7) 烟灰缸的摆放。烟灰缸摆在主人席位的右侧，每隔两位客人摆放一个烟灰缸，架烟孔分别朝向客人。

(三) 零点午、晚餐摆台

午、晚餐历来受到人们的重视，亲朋好友同聚一堂，既能享用美食，又能联络感情、交流思想、开展社交活动。零点午、晚餐的客人一般比较随意，摆台也比较简单，在早餐摆台的基础上增加水杯、酒杯即可。零点午、晚餐的摆台方法如下所述。

(1) 骨碟的摆放。骨碟摆在座位正前方，离桌边1厘米，按顺时针方向依次摆放，碟与碟之间距离相等。

(2) 餐巾的摆放。将折好的餐巾摆在骨碟上，观赏面朝向客人。

(3) 汤碗、汤匙的摆放。汤碗摆在骨碟正上方，间隔1厘米；汤匙放在汤碗内，匙柄朝向正左方。

(4) 筷子、筷架的摆放。骨碟右侧摆放筷架；筷子摆放在筷架上，筷尖离筷架5厘米(如是圆桌，筷尖指向桌子圆心)，筷底离桌边1.5厘米，筷身距骨碟1.5厘米；筷套店标朝向客人。

(5) 牙签的摆放。包装牙签竖放在筷子右侧1厘米处，牙签底边与筷子底边相距3厘米，店标正面字体朝向筷子。

(6) 茶具的摆放。茶碟摆在牙签右侧2厘米处，茶碟与桌边相距1.5厘米，茶杯扣放在茶碟上，杯柄向右与茶碟平行。

(7) 杯具的摆放。水杯摆在汤碗正上方相距1厘米处。

(8) 花瓶的摆放。花瓶摆在餐台正中或边角处，具体位置根据餐厅情况而定。

(9) 调味品的摆放。调味品依左椒右盐的顺序摆在花瓶之前。

二、中餐团体包餐摆台

(一) 团体包餐的概念及特点

1. 团体包餐的概念

团体是指一个具有一定人数的集体。团体包餐是指按特定用餐标准向一个集体提供餐食的一种就餐形式，它主要适合于旅游酒店接待的各种会议及旅游团队。常见的团体包餐有会议包餐、旅游包餐、学生包餐等。会议包餐适合于交易会、运动会、展览会、政府机关会议等；旅游包餐适合于观光团、考察团等；学生包餐适合于春游、夏令营等。

2. 团体包餐的特点

(1) 就餐人数多且固定。旅游团或参加会议的客人，少则十几人，多则几十人甚至上百人，有时几个团队同时进餐，所以人数较多。

(2) 就餐时间相对集中。旅游团或会议客人都是按照事先安排好的日程进行活动的，所以就餐时间比较固定，到了开餐时间，客人就会集中到餐厅就餐。这就要求服务员及时迅速提供服务，这一点与零点或宴会的要求有所不同，所以餐厅要集中人力、物力做好餐前及餐中服务工作。

(3) 就餐标准、菜式统一。无论是旅游团还是会议客人，所有客人每天的用餐标准是固定的，每餐的菜式也是统一的。

(4) 人数多、口味差别大。餐厅应根据包餐客人的国籍、地区、职业、年龄等特点来制定菜单，以照顾大多数客人的口味偏好和要求。

(二) 团体包餐摆台

团体包餐的人数较为固定，服务员应依据包餐人数提供适宜的就餐空间，同时安排好就餐所需桌椅及各种餐饮用具。

1. 集体聚餐式包餐

餐厅可根据集体聚餐包餐人数安排桌数，每桌可坐8人、10人或12人，按每桌就餐人数摆好餐具，如餐碟、餐勺、筷子及公用菜碟、公用菜勺、公用筷子、牙签等，同时要备足更换用的餐具。

2. 份饭式包餐

餐厅可根据份饭包餐的标准、人数准备好盛装器皿及各种食品，按规格、数量的要求均分装好，以保证准时开饭。这种包餐的盛装器皿大致有两种，一种是套餐盘，另一种是快餐盒，无论选用哪一种盛装器皿，所装食品的种类及数量都应是相同的。

三、中餐宴会摆台

(一) 中餐宴会的概念及特点

1. 中餐宴会的概念

中餐宴会是较为隆重的正餐,可在早上、中午、晚上举行,其中以晚宴最为隆重。宴会可分为国宴、正式宴会、便宴三种。国宴是为国家庆典或欢迎外国元首、政府首脑而举行的规格最高的宴会。宴会厅里要悬挂国旗,并由军乐队演奏国歌和席间乐。正式宴会除不挂国旗、不奏国歌和出席者不同以外,其他方面与国宴相似。正式宴会对于来宾与服务员的服饰,以及餐具、酒水和菜肴的道数,均有一定的要求。便宴即非正式宴会。家宴是便宴的一种形式,往往由主妇亲自掌勺,家人共同待客,宴会氛围比较亲切、自然。

2. 中餐宴会的特点

宴会在菜点和饮品方面与一般就餐没有本质区别,但在服务程序和服务内容方面与一般就餐相比有明显区别。宴会具有就餐人数多、消费标准高、菜点品种多、气氛隆重热烈、就餐时间长、接待服务讲究等特点。宴会在环境布置及台面布置方面,既要舒适干净,又要突出隆重、热烈的气氛;在菜点选配方面,即要遵循一定的格式和质量要求,又要讲究色、香、味、形、器;在接待服务方面,即强调周到细致,讲究礼节礼貌,又要讲究服务技艺和遵守服务规范。

中餐宴会是我国传统的聚餐形式,应遵循我国的饮食习惯,以饮中国酒、吃中国菜肴、用中国餐具、行中国传统礼为主。在装饰布局、台面布置及服务等方面,应体现我国的饮食文化特色。

(二) 中餐宴会摆台方法

1. 仪表仪容

服务员按规定着装,戴正工号牌;面容整洁,精神饱满,面带微笑;站姿规范,动作大方,美观轻巧,不拖拉;头发梳理整齐,发型符合酒店要求,女服务员化淡妆上岗;手、指甲干净,按要求消毒。

2. 物品准备

准备宴会摆台需要的桌椅,桌子不得有破损,桌腿要稳定、不得摇动;根据客人人数准备椅子,椅子要稳定,椅背和椅面不能松动,没有任何破损。准备各种餐具、酒具和物品,餐具、酒具要多备1/5,所备餐具、酒具应无残缺,符合卫生标准和宴会使用要求。准备物品时要使用托盘,轻拿轻放。

3. 铺台布

台布要干净、无破损及褶皱。操作时,服务员站在主人位的右侧,将折叠好的台布放在餐桌中央,将台布打开,正面向上,任选一种方法将台布一次铺成。台布中心凸缝向上，且对准正、副主人，台布四周下垂部分均等。

4. 摆放转台

在规定的位置，将转台摆放在餐桌中央，转台的中心和圆桌的中心重合，转台边沿与桌边距离均等，误差不超过1厘米，最后应试转转台，确保其旋转灵活。

5. 摆椅子

将椅子整齐拉好，椅背中心正对餐盘，椅面内沿紧贴桌布或台裙，椅背绕成圆形(以圆桌为例)。

6. 摆垫盘、骨碟

从主人位开始，按顺时针方向摆垫盘，然后将骨碟放置在垫盘上，图案对正(店徽在上方)，摆放距离均等，距桌边1.5厘米。

7. 味碟、汤碗、汤勺

将味碟置摆在骨碟正上方，与骨碟间距1厘米，味碟中心与骨碟中心对正；将汤碗摆在味碟左侧1厘米处，汤碗与味碟在一条直线上；将汤勺放置于汤碗中，勺柄朝左，与餐碟平行。

8. 摆筷架、筷子

将筷架摆在味碟的右侧，将带筷套的筷子摆在筷架上(筷套图案向上)，以出筷架1/3为准，筷子尾部距桌边1.5厘米，筷子与骨碟相距3厘米并与骨碟中心线平行。若使用多用筷架和长柄匙，应将筷子、长柄匙置于筷架上，匙柄与吃盘相距3厘米，尾端距桌边1.5厘米。

9. 摆牙签

将小包装牙签摆在筷子右侧1厘米处，牙签距桌边5厘米；若使用多用筷架和长柄匙，则将牙签摆在筷子和长柄匙中间；若使用牙签盅，将牙签盅摆在正、副主人筷子的右上方。

10. 摆酒具

在味碟正前方摆红酒杯，中心要对正，杯底与味碟相距1厘米；在红酒杯的右侧摆白酒杯，间距1厘米；在红酒杯的左侧摆啤酒杯，间距1.5厘米。三杯中心成一条直线。

11. 摆茶杯

在筷子的右侧摆茶杯，茶杯距筷子2厘米，距桌边1.5厘米。

12. 摆香巾托

在骨碟的左侧摆香巾托，香巾托距吃盘2厘米，距桌边1.5厘米。

13. 折餐巾花

餐巾折花可采用多种手法，以10人台为例，应折出10种不同造型的餐巾花。餐巾花造型可选植物、动物、实物类，要一次成型，形象逼真，褶裥均匀，美观大方，并符合卫生要求。杯花应按要求放入水杯中，盘花应置于骨碟上。不同造型的餐巾花应按照主次宾客位置摆放。

14. 公用餐具摆放

将公用餐具摆在正、副主人位的正上方，按先筷后勺的顺序将筷子、汤勺摆在公用筷架上(设两套)，公用筷架与正、副主人位水杯的间距为1厘米，筷子末端及勺柄向右。

15. 摆花瓶、花盘等装饰物

将花瓶、花盘等装饰物摆在转台正中心，装饰物的主要观赏面朝向主人。

16. 摆放菜单

根据宴会规格，可在主人位筷子架右侧摆放一份菜单，也可在主人和副主人位筷子架右侧各摆放一份菜单，还可在所有客人位筷子架右侧各摆放一份菜单。总之，摆放位置应一致。

宴会摆台还有一些注意事项。例如，摆台操作时一律使用托盘；摆台后要检查台面摆设有无遗漏，摆放是否规范、是否符合要求。如果是多桌宴会，所有用具、台布、围裙、椅子等规格和颜色均应一致，要保持整体的协调。

任务实施

目标：熟练掌握中餐宴会摆台的操作技能。

要求：能够在15分钟内按要求完成中餐摆台。

方法：10人一组，老师示范，组员分别进行实际操作，由老师进行统一考核并打分。

工具：餐桌、餐巾、桌布及全套中餐餐具。

场地：实训室。

评估：根据考核标准，由实训教师在表2-4中打分。

表2-4 餐饮服务技能训练——中餐宴会摆台考核表

学生姓名： 考核时间：

项目	项目评分细则	分值	扣分	得分
台布 (10分)	铺设时，可采用抖铺式、推拉式或撒网式，要求一次完成，两次完成扣0.5分，三次及以上不得分	5		
	台布定位准确，十字折纹居中，凸缝朝向主人位及副主人位，下垂均等，台面平整	5		
餐碟定位 (15分)	一次性定位，碟间距离均等，餐碟标志对正，相对摆放的餐碟与餐桌中心点成一条直线	8		
	距桌沿约1.5厘米	4		
	拿碟手法正确(手拿餐碟边沿部分)、卫生	3		

项目二 ▶ 餐饮服务基本技能

(续表)

项目	项目评分细则	分值	扣分	得分
味碟、汤碗、汤勺(5分)	味碟位于餐碟正上方,相距1厘米	2		
	将汤碗摆在味碟左侧1厘米处,与味碟在一条直线上;将汤勺放置于汤碗中,勺柄朝左,与餐碟平行	3		
筷架、筷子、长柄勺、牙签(10分)	将筷架摆在餐碟右边	5		
	将筷子、长柄勺搁摆在筷架上,长柄勺距餐碟3厘米,筷尾距餐桌沿1.5厘米	5		
葡萄酒杯、白酒杯、水杯(15分)	将葡萄酒杯摆在味碟正上方2厘米处	6		
	将白酒杯摆在葡萄酒杯的右侧,将水杯摆在葡萄酒杯的左侧,杯肚间隔1厘米,三杯成斜直线,向右与水平线成30°角。如果有杯花,应与餐巾花一起摆上桌	5		
	摆杯手法正确(手拿杯柄或中下部)、卫生	4		
餐巾折花(10分)	餐巾花造型突出主位,符合主题,整体协调	5		
	折叠手法正确、卫生、一次成型、造型逼真、美观大方	5		
菜单、花瓶等装饰物(5分)	将菜单、花瓶等装饰物摆在台面正中心,造型精美,符合主题要求	3		
	将菜单摆在筷子架右侧,位置一致(如有两份菜单,则分别摆在正副主人位的筷子架右侧)	2		
托盘(5分)	用左手胸前托法将托盘托起,托盘位置高于选手腰部,平稳、自然	5		
综合印象(25分)	台面设计主题明确,布置符合主题要求	10		
	餐具颜色、规格协调统一,便于使用	5		
	整体美观,具有强烈的艺术美感	5		
	操作过程中动作规范、娴熟、敏捷,声轻,姿态优美,能体现岗位气质	5		
合计		100		
操作时间: 分 秒 超时: 秒 扣分: 分				
物品落地、物品碰倒、物品遗漏扣分: 分				
实际得分				

西餐摆台训练(中文)

西餐摆台训练(英文)

西餐摆台训练(泰文)

课堂笔记

学习心得

课外拓展

任务五　西餐摆台技能

西餐摆台可分为便餐摆台和宴会摆台。

刀叉协奏曲
(中文)

刀叉协奏曲
(英文)

刀叉协奏曲
(泰文)

课堂笔记

学习心得

课外拓展

一、西餐便餐摆台

（一）摆台前的准备工作

西餐便餐摆台的准备工作与中餐便餐摆台相同，此处不再赘述。

（二）铺台布、摆餐椅

铺台布前，先在台面上放垫布，然后在垫布上铺台布，铺台布的方法与中餐便餐摆台相同，此处不再赘述。铺好台布后，按要求摆餐椅。

（三）摆餐具

1. 西餐早餐摆台

西餐早餐一般由咖啡厅提供，可分为美式早餐、欧陆式早餐及零点早餐等，具体的摆台方法略有差异，但基本摆法一致。

（1）餐盘与刀、叉、匙。在餐椅正对处摆放直径为24厘米的餐盘，餐盘距桌沿2厘米，将餐巾花摆在餐盘上；在餐盘左侧摆一把餐叉，叉面朝上；在餐盘右侧摆餐刀，刀口朝向餐盘；在餐刀右侧摆汤匙，匙面朝上。刀叉距餐盘1.5厘米，餐刀与汤匙之间的距离也是1.5厘米，刀、叉、勺下端在一条直线上，距桌沿2厘米。

（2）面包盘与黄油刀。在餐叉左侧摆面包盘，相距餐刀和桌沿各1.5厘米；在面包盘右侧摆黄油刀，刀口朝左，与餐叉平行。

（3）水杯。在餐刀正前方3厘米处摆水杯。

（4）咖啡杯具。在汤匙右侧摆咖啡杯和咖啡碟，杯柄和匙柄朝右。

（5）其他。将调味盅、牙签盅等摆在餐台中心位置。

2. 西餐午、晚餐摆台

西餐午、晚餐摆台是在早餐摆台的基础上，撤去咖啡杯具，增加茶匙和甜点叉。将甜点叉横摆在餐盘正上方，叉柄朝左；在甜点叉的上方，与甜点叉平行摆放茶匙，茶匙柄朝右。

二、西餐宴会摆台

西餐宴会与中餐宴会不同，一般采用长方形餐桌。摆台时，首先按照西餐的座次安排来摆放西餐餐具，然后按照底盘、餐具、酒水杯、调料用具、其他艺术摆设的次序进行摆台。

（一）座次安排

1. 一般家庭式西餐宴会的座次安排

主人的座位正对厅堂入口，以便于其观察全厅。长台两端分别设主人位和副主人位(女主人位)，男女宾客穿插落座，夫妇穿插落座。这样的席位安排只有主客之分，没有职务之分。

2. 正式宴会的座次安排

第一主宾坐在第一主人的右侧，第二主宾坐在第二主人的右侧，次要人物由中间向两侧依次排开。

如果主人和主宾都带夫人参加宴会，则依据当地习俗来安排。

法式座次安排： 主宾夫人坐在主人右侧，主宾坐在主人夫人右侧。

英式座次安排： 主人夫妇各坐两头，主宾夫人坐在主人右侧位，主宾坐在主人夫人右侧位，其他男女宾客依次穿插坐中间。

(二) 餐具准备工作

西餐餐具品种较多，每上一道菜就要相应地撤去用完的那套餐具，因此应提前做好准备。

(三) 铺台布、摆餐椅

西餐宴会桌一般是用数张方桌拼接而成的。铺台布的顺序为由里向外，目的是让每张台布的接缝朝里，避免步入餐厅的客人看见。铺好的台布应中线相接，成一条直线，台布两侧下垂部分美观整齐，两边一致。

(四) 摆餐具

1. 摆餐盘

与中餐宴会摆台一样，西餐宴会摆台也从主人位开始，按顺时针方向在每个餐位中心摆餐盘，店徽等图案应摆正，盘边距桌沿2厘米，盘与盘之间的距离相等。

2. 摆刀叉

在餐盘右侧从左到右依次摆放主餐刀、鱼刀、汤匙、开胃刀，刀口朝左，匙面向上，刀柄、匙柄距桌沿2厘米。在餐盘左侧从右到左依次摆放主餐叉、鱼叉、开胃品叉，叉面朝上，叉柄距桌沿2厘米。鱼刀、鱼叉要向前突出4厘米。

3. 摆水果刀叉(或甜品叉)与甜品匙

在大餐盘的正前方横摆甜品匙，匙柄朝右。在甜品匙的前方平行摆放水果叉(或甜品叉)，叉柄朝左。在水果叉的前方平行摆放水果刀，刀柄朝右。

> **任务实施**
>
> **目标：** 熟练掌握西餐宴会摆台的操作技能。
>
> **要求：** 能够在15分钟内完成西餐摆台。
>
> **方法：** 10人一组，由教师示范，然后每人分别进行实际操作，由教师进行

统一考核并打分。

工具：餐桌、餐巾、桌布及全套西餐餐具。

场地：实训室。

评估：根据考核标准，由实训教师在表2-5中打分。

表2-5　餐饮技能培训——西餐宴会摆台考核表

学生姓名：　　　　　　　　　　　　　　　　　　　考核时间：

项目	项目评分细则	分值	扣分	得分
台布 (7分)	台布中凸线向上，两块台布中凸线对齐	1		
	两块台布面重叠5厘米	1		
	主人位方向的台布交叠在副主人位方向的台布上	1		
	台布四边下垂均等	2		
	铺设操作最多4次整理成型	2		
座椅定位 (3.6分)	摆设操作从座椅正后方进行	0.6(每把0.1)		
	从主人位开始按顺时针方向摆设	0.6(每把0.1)		
	座椅之间距离基本相等	0.6(每把0.1)		
	相对摆放的座椅的椅背中心对准	0.6(每把0.1)		
	座椅边沿与下垂台布相距1厘米	1.2(每把0.2)		
装饰盘 (7.5分)	从主人位开始按顺时针方向摆设	1.5(每个0.25)		
	盘边距离桌边1厘米	1.5(每个0.25)		
	装饰盘中心与餐位中心对准	1.5(每个0.25)		
	盘与盘之间距离均等	1.5(每个0.25)		
	手持盘沿右侧操作	1.5(每个0.25)		
刀、叉、勺 (16.8分)	刀、叉、勺由内向外摆放，距桌边距离符合标准(标准见"备注")	5.4(每件0.1)		
	刀、叉、勺之间及与其他餐具之间的距离符合标准(标准见"备注")	5.4(每件0.1)		
	摆设逐位完成	6(每位1分)		
面包盘、黄油刀、黄油碟 (4.8分)	依次摆放面包盘、黄油刀、黄油盘	1.8(每件0.1)		
	面包盘盘边距开胃品叉1厘米	0.6(每件0.1)		
	面包盘中心与装饰盘中心对齐	0.6(每件0.1)		
	将黄油刀置于面包盘右侧边沿1/3处	0.6(每件0.1)		
	将黄油碟摆放在黄油刀尖正上方，相距3厘米	0.6(每件0.1)		
	黄油碟左侧边沿与面包盘中心在一条直线上	0.6(每件0.1)		

项目二 ▶ 餐饮服务基本技能

(续表)

项目	项目评分细则	分值	扣分	得分
杯具 (10.8分)	依次摆放水杯、红葡萄酒杯、白葡萄酒杯。将白葡萄酒杯摆在开胃品刀的正上方,杯底中心在开胃品刀的中心线上,杯底距开胃品刀尖2厘米	1.8(每个0.1)		
	三杯成斜直线,与水平线成45°角	6(每组1分)		
	各杯身之间相距约1厘米	1.2(每个0.1)		
	操作时手持杯中下部或颈部	1.8(每个0.1)		
花瓶或花篮 (2分)	将花瓶或花篮置于餐桌中央和台布中线上	1		
	花瓶或花篮的高度不超过30厘米	1		
烛台 (2分)	烛台与花篮或花瓶相距20厘米	1(每座0.5)		
	烛台底座中心压台布中凸线	0.5(每座0.25)		
	两个烛台方向一致,并与杯具所成直线平行	0.5(每座0.25)		
牙签盅 (1.5分)	牙签盅与烛台相距10厘米	1(每个0.5)		
	牙签盅中心压在台布中凸线上	0.5(每个0.25)		
椒盐瓶 (3分)	椒盐瓶与牙签盅相距2厘米	1(每组0.5)		
	椒盐瓶两瓶间距1厘米,左椒右盐	1(每组0.5)		
	椒盐瓶间距中心对准台布中凸线	1(每组0.5)		
盘花 (8分)	造型美观、大小一致,突出正副主人	4		
	餐巾花在盘中摆放一致,左右成一条直线	4		
托盘使用 (3分)	餐具分类按序摆放,符合操作规范	2		
	将杯具摆在托盘中,杯口朝上	1		
综合印象 (20分)	台席中心美观新颖、符合主题	5		
	布件颜色协调、美观	4		
	整体设计高雅、华贵	5		
	操作过程中动作规范、娴熟、敏捷,声轻,姿态优美,能体现岗位气质	6		
理论知识 (10分)	根据学生掌握情况	10		
合计		100		
操作时间: 分 秒 超时: 秒 扣分: 分				
物品落地、物品碰倒、物品遗漏扣分: 分				
实际得分				

(续表)

项目	项目评分细则	分值	扣分	得分
备注：1-装饰盘；2-主菜刀(肉排刀)；3-鱼刀；4-汤勺；5-开胃品刀；6-主菜叉(肉叉)；7-鱼叉；8-开胃品叉；9-黄油刀；10-面包盘；11-黄油碟；12-甜品叉；13-甜品勺；14-白葡萄酒杯；15-红葡萄酒杯；16-水杯 **各餐具之间的距离标准：** (1) 1、2、4、5、6、8与桌边沿距离为1厘米； (2) 1与2、1与6、8与10、1与12之间的距离为1厘米； (3) 9与11之间的距离为3厘米； (4) 3、7与桌边的距离为5厘米； (5) 6、7、8之间，2、3、4、5之间，12与13之间，距离为0.5厘米； (6) 14、15、16的杯肚之间的距离为1厘米			

项目二 ▶ 餐饮服务基本技能

学习法宝 思维导图

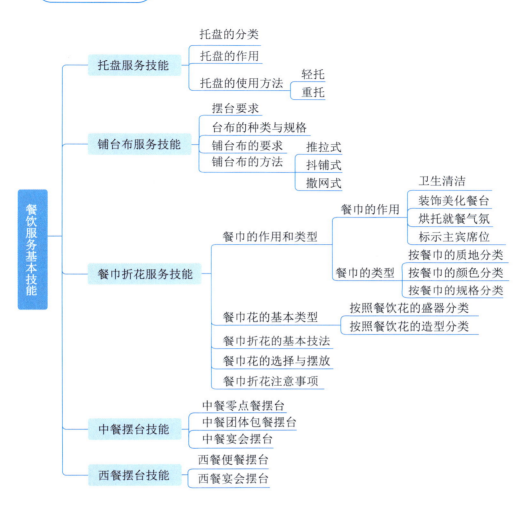

学习法宝 学习笔记

| 项目 | • 餐饮服务基本技能 | 日期 | • |

| 标题 | • |

关键词	笔记内容
1.	1.
2.	2.
3.	3.

051

> 备注
> 1.
> 2.
> 3.

一、填空题

1. 托盘的使用方法可分为_____与_____两种。
2. 餐巾折花有8种技法，分别是____、____、____、____、____、____、____、____。
3. 中餐摆台根据不同的服务对象可分为_____、_____和_____。

二、简答题

1. 选择餐巾花造型应该考虑哪些因素？

2. 中餐摆台和西餐摆台分别有哪些特点？

3. 如何进行中餐和西餐摆台？

项目三 餐饮酒水服务

> 酒水是酒精饮料和非酒精饮料的总称。其中，酒精饮料是指用粮食、果品等含淀粉或糖的物质经发酵制成的含乙醇的带刺激性饮料；非酒精饮料是指不含酒精的饮料，通常包括各种软饮料、果汁、茶、咖啡等。人们在欢庆佳节、招待宾朋和举家合欢时，都会饮用酒水，以助雅兴，烘托宴会氛围。酒水常常会成为宴会上的话题，如果餐厅服务人员能提供周到、专业的酒水服务，将有助于提升宴会效果。因此，服务人员了解酒水知识、掌握酒水服务技能对提高服务质量有着重要的意义。

· 课程思政 ·

中国酒文化源远流长，与西方酒文化的核心——独享不同，中国酒文化的核心是分享和表达。党的二十大报告指出："以社会主义核心价值观为引领，发展社会主义先进文化，弘扬革命文化，传承中华优秀传统文化，满足人民日益增长的精神文化需求，巩固全党全国各族人民团结奋斗的共同思想基础，不断提升国家文化软实力和中华文化影响力。"在我国旅游业蒸蒸日上的今天，我们更应突出中国文化自信，坚持文化治理自信，坚定文化品牌自信，坚定中国特色社会主义现代化建设事业必胜的信心，肩负起酒店服务业由大变强的时代重任。

· 学习目标 ·

(1) 掌握中国酒的相关知识。

(2) 掌握外国酒的相关知识。

(3) 掌握鸡尾酒的相关知识。

(4) 掌握非酒精饮料的相关知识。

(5) 熟悉如何做好酒吧服务工作。

·学习重点·

(1) 酒水服务。

(2) 酒的保管与储藏。

·学习难点·

(1) 餐饮服务酒水知识。

(2) 鸡尾酒调制。

情境导入——酒水打翻以后

一个夏天的中午，某酒店中餐宴会大厅正在举行某公司庆典午宴。舒缓的背景音乐响起，服务员井然有序地为客人服务，这时突然有人发出一声尖叫："哎呀！"所有客人都循着尖叫声看过去，原来是服务员为客人斟酒时，客人无意间抬手，服务员为了躲避客人，不小心将酒水洒在另一位客人身上。服务员顿时手足无措，脸色煞白。这时，餐厅主管和经理走过来，经理对客人说："女士，请先随我来。"说完，他与主管一前一后用身体为客人遮挡，陪客人走出宴会厅。

经理随后对客人说："女士，对不起，给您带来这么大的麻烦，请您原谅。"客人从尴尬到气愤，抱怨地说："你们是怎么搞的？把我的衣服弄成这个样子，让我怎么办？第一次到你们酒店来就碰上这种事，真是倒霉！"经理一边安慰客人，一边把客人带到一间空客房内，说："女士，请您先洗个澡，稍等一会儿，我们把您的衣服送到洗衣房快洗，很快就会送来。"客人洗完澡以后渐渐平静下来，没过多久，衣服洗净熨好送回。客人换上自己的衣服后，满面笑容地向经理道谢，说："谢谢你们，虽然碰到不愉快的事，但你们快捷利落的应对措施和妥善的安排令人满意，你们的热情和诚意更令人难忘。"

项目三 ▶ 餐饮酒水服务

> **情境分析**
>
> 本案例中,服务员在服务过程中不小心将酒水洒在女性客人身上,导致客人很尴尬,也很愤怒,但好在餐厅相关负责人及时处理了这场意外事故,妥善解决了问题。本案例告诉我们,如果酒店因过失给客人带来麻烦,相关负责人在向客人道歉的同时,更应及时采取有效的措施补偿客人的损失,安抚客人的情绪,各部门应相互配合,做好善后处理工作,将事件的消极影响降到最低限度。

任务一 中国酒

中国酒
(中文)

中国酒
(英文)

课堂笔记

一、中国酒的分类

(一) 按酒的原料分类

1. 白酒

白酒是以粮谷为主要原料,以大曲、小曲、麸曲、酶制剂及酵母等为糖化发酵剂,经蒸煮、糖化、发酵、蒸馏、陈酿、勾调而成的蒸馏酒。

亲朋好友相聚、欢庆佳节之际,通常少不了美酒助兴。现代社会,人们越来越理性,讲究健康饮酒。适量饮酒能加快血液循环,使人心情舒畅,摆脱疲劳;而饮酒过量,酒会挤掉身体中的水分和其他营养成分,容易造成蛋白质、矿物质、维生素等的缺乏。因此,在餐厅酒水管理工作中,服务员应适时提醒客人适量饮酒。

学习心得

2. 啤酒

啤酒是以麦芽、水为主要原料,加啤酒花(包括啤酒花制品),经酵母发酵酿制而成的、含有二氧化碳并可形成泡沫的发酵酒。

啤酒含有丰富的糖类、氨基酸、维生素、无机盐和多种微量元素等营养成分,被人们称为"液体面包"。每升啤酒中一般含有50克糖类物质,它们是原料中的淀粉经麦芽中含有的各种酶的催化而形成的产物。每升啤酒大约含有3.5克蛋白质的水解产物——肽和氨基酸,它们能被人体消化吸收和利用。啤酒中碳水化合物和蛋白质含量的比例约为15∶1,符合人类的营养平衡标准。此外,每升啤酒含有2~4克二氧化碳,能起到促进消化和提神的作用,也有益人体解渴。

课外拓展

啤酒从原料和优良酿造水中得到矿物质，每升啤酒含有20～100毫克的钠；啤酒从原料和酵母代谢中得到丰富的水溶性维生素，每升啤酒中含有0.02毫克维生素H，100～200毫克胆碱，0.1～0.3毫克叶酸。值得一提的是，啤酒中的叶酸有助于降低人体血液中的半胱氨酸含量，而血液中半胱氨酸含量高会诱发心脏病。

3. 果酒

果酒是以含糖分高的水果为主要原料酿制而成的酒，酒精度为15%vol左右。果酒中品种较多的是葡萄酒，还有广柑酒、苹果酒、红橘酒、山楂酒、荔枝酒等。

葡萄酒是以葡萄或葡萄汁为原料，经全部或部分酒精发酵酿制而成的，含有一定酒精度的发酵酒。

葡萄酒中的酒精是通过发酵由糖分转化而成的，发酵时间越长，糖分越少，酒精含量越高；反之，糖分越多，酒精含量越低。干红或干白中的"干"，就是指糖分少，甚至无糖。

研究证明，葡萄酒中含有200多种对人体有益的营养成分，其中包括糖、有机酸、氨基酸、维生素、多酚、无机盐等，这些成分都是人体所必需的，对于维持人体的正常生长、代谢是必不可少的。葡萄酒中所含的酚类物质——白藜芦醇，具有抗氧化、防衰老的作用。根据现有的相关数据，每天适量饮用葡萄酒者，心脏病死亡率、患痴呆症和早衰性痴呆症的概率都有所降低。葡萄酒所含维生素更是齐全，有维生素B_1、维生素B_2、维生素B_6、维生素C、维生素PP、维生素H，还含有泛酸、叶酸及类维生素物质的肌醇、氨基苯甲酸、胆碱等，这些都是人体所需要的物质。在每500毫升葡萄酒中，维生素B_1的含量为5～200微克，维生素PP的平均含量为373毫克，肌醇含量为每升220～730毫克。

另外，干葡萄酒中含有23种氨基酸，包括8种人体内不能合成的"必需氨基酸"。葡萄酒中还含有酒石酸、苹果酸、柠檬酸、琥珀酸、乳酸、醋酸、单宁酸等有机酸。经常适量地饮用葡萄酒，对人体健康是大有益处的。

4. 黄酒

黄酒是以稻米、黍米、小米、玉米、小麦、水等为主要原料，经加曲和(或)部分酶制剂、酵母等糖化发酵剂酿制而成的发酵酒。

黄酒具有很高的营养价值，主要表现在黄酒含有极其丰富的氨基酸。黄酒的营养价值要比有"液体面包"之称的啤酒高得多，因此人们把黄酒列为营养饮料酒。据检验分析，黄酒富含人体不能合成的8种"必需氨基酸"，含量居各种酿造酒之首。黄酒中的维生素含量也十分丰富，包括维生素C、维生素B_2、烟酰胺、维生素A，以及少量的维生素D、维生素K、维生素E等。黄酒的有机酸含量为0.003～0.005克/毫升，主要由乳酸、柠檬酸、醋酸、酒石酸、苹果酸、延胡索酸、丁酸等组成。经测定黄酒中的微量元素有18种，其中钙、镁、钾、铁、锌、铬、锗、铜、磷等含量较丰富，这些微量元素都是人体所必需的营养元素。在黄酒中，这些营养元素的表现形式为生物活性物质，它们极易被人体吸收，具有调整人体生理功能、促进新陈代谢的作用。

另外，黄酒含糖种类较多，其中以葡萄糖为主，还有麦芽糖、乳糖及多糖等，它们都是原料中的高分子淀粉被酶分解而成的低分子物质。这些糖对人体有一定的营养价值，极易被人体吸收，可以补充人体所需的热量。

5. 药酒

药酒是以白酒做酒基，加入各种中药材，经过酿制或泡制而成的一种具有药用价值的酒。

各种药酒因其用酒的不同，酒度有所不同，又因加入的药材不同，其药用功效也不相同。常见的药酒有五加皮酒、莲花白酒、木瓜酒、人参酒、灵芝酒、虎骨酒、五味子酒、竹叶青酒等。

(二) 按酒精含量分类

1. 高度酒

高度酒是指用蒸馏工艺获得的酒，酒精度在40%vol以上，属于烈性酒，如茅台酒、五粮液、汾酒、洋河大曲等。

2. 中度酒

中度酒的酒精度为20%vol～40%vol，如竹叶青、米酒、黄酒等。

3. 低度酒

低度酒的酒精度为0.5%vol～20%vol，如葡萄酒、桂花陈酒和低度药酒等。

(三) 按酿酒方法分类

1. 发酵酒

发酵酒是指把制造原料(通常是谷物与水果汁)直接放入容器中，加入酵母发酵酿制而成的酒，如葡萄酒、啤酒、水果酒、黄酒、米酒等。

2. 蒸馏酒

蒸馏酒是指将经过发酵的原料(发酵酒)加以蒸馏提纯而获得的含有较高酒精度的酒。通常经过一到两次甚至多次蒸馏，便能取得高质量的酒，如茅台酒、五粮液等。

3. 配制酒

配制酒是指由白酒或食用酒精配制而成的酒，如人参酒、三蛇酒等。

二、中国名酒简介

中国名酒品种繁多，在国际上享有很高声誉。中华人民共和国成立以来，曾举办五次国家级评酒会，邀集品酒专家进行名酒评定，共评出国家名酒17种，优质酒53种。

(一) 白酒类

1. 茅台酒

茅台酒产于贵州省仁怀市茅台镇茅台酒厂，酒精度有33%vol、45%vol、51%vol、52%vol、53%vol等。茅台酒采用当地优质高粱为原料，以小麦制曲，用当地矿泉水，前后经8次高温发酵、7次下窖、7次取酒，酒成后又储存3年才装瓶出厂。茅台酒属酱香型白酒，具有清亮透明、醇香馥郁、入口醇厚、余香悠长的特点。

茅台酒为中国第一名酒，国际上常以茅台酒来代表我国白酒的品质。在1915年的巴拿马万国博览会上，茅台酒被评为世界名酒，荣获金质奖章。近年来，在各种国际博览会、展评会上，茅台酒多次荣获金奖。我国的茅台酒与法国的干邑白兰地、英国的苏格兰威士忌并称为"世界三大蒸馏白酒"。

2. 五粮液

五粮液产于四川省宜宾市宜宾五粮液酒厂，酒精度有39%vol、45%vol、52%vol、68%vol等。五粮液以高粱、大米、糯米、玉米、小麦5种粮食为原料，使用岷江江心水，采用小麦制曲糖化发酵，精心酿制而成。五粮液属浓香型白酒，具有清澈透明、香气浓郁悠长、味醇甘甜、净爽的特点。

3. 剑南春

剑南春产于四川省绵竹酒厂，其系列产品酒精度有38%vol、52%vol、60%vol等。剑南春以高粱、大米、玉米、小麦、糯米5种粮食为原料，用小麦制曲，精心酿制而成。剑南春属浓香型白酒，具有芳香浓郁、醇和回甜、清洌净爽、余香悠长的特点。

4. 古井贡酒

古井贡酒产于安徽省亳州市古井镇古井酒厂，其系列产品酒精度为42%vol～55%vol。古井贡酒因取古井之水酿制且明清两代均将其列为贡品而得名。古井贡酒以高粱为主要原料，以小麦、大麦、豌豆制曲，在传统工艺基础上，吸取泸州老窖大曲的优点，独成一家。古井贡酒属浓香型白酒，具有酒液清澈透明、香醇幽净、甘美醇和、余香悠长的特点。

5. 汾酒

汾酒产于山西省汾阳市杏花村汾酒厂。汾酒酒精度为38%vol～65%vol。汾酒源远流长，相传是我国白酒的始祖。汾酒以优质高粱为主料，使用神泉古井之水，采用传统技术酿造而成。汾酒属清香型白酒，具有酒液清澈透明、气味芳香、入口醇绵、落口甘甜的特点，素有色、香、味"三绝"之美称，连续三次被评为中国名酒。

6. 董酒

董酒产于贵州省遵义市董酒厂，其系列产品酒精度有50%vol、54%vol等。董酒因厂址坐落于北郊的董公寺而得名。董酒以黏高粱为原料，用小曲和大曲混合制成。董酒属浓香型白酒，具有酒液晶莹透明、醇香浓郁、甘甜清爽的特点。

7. 泸州特曲

泸州特曲产于四川省泸州市泸州老窖酒厂，其系列产品酒精度有38%vol、52vol、60%vol等。泸州特曲以黏高粱为原料，用小麦制曲，采用龙泉井水和沱江水，以传统的老窖发酵制成，素有"千年老窖万年糟"的说法。泸州特曲属浓香型白酒，具有酒液清澈透明、醇香浓郁、清冽甘爽、回味悠长的特点。

8. 洋河大曲

洋河大曲产于江苏省泗阳县洋河酒厂，其系列产品酒精度有30%vol、42vol、46%vol、52%vol等。洋河大曲采用洋河镇著名的"美人泉"优质软水，以优质黏高粱为原料，用老窖发酵酿制而成。洋河大曲属浓香型白酒，具有酒质醇香浓郁、柔绵甘洌、回香悠长、余味净爽的特点。

(二) 啤酒类

1. 青岛啤酒

青岛啤酒产自青岛啤酒股份有限公司，酒精度为3%vol～4%vol，麦芽浓度有8°P、10°P、12°P等。青岛啤酒选用优质大麦为原料，以著名的崂山泉水为酿造用水，添加优质酒花，经煮沸、冷却发酵、储藏而成。青岛啤酒呈米黄色，淡而透亮，泡沫洁白细腻，具有显著的酒花麦芽的清香和特有的苦味，口感柔和，清爽纯净。

2. 燕京啤酒

燕京啤酒产自北京燕京啤酒集团有限公司，这是中国北方地区最大的啤酒生产企业之一，也是北方地区最具代表性的啤酒品牌之一。燕京啤酒酒精度为3%vol～5%vol，麦芽浓度有8°P、10°P、11°P、12°P等。燕京啤酒选用优质大米、麦芽和啤酒花为原料，以燕山脚下的纯天然矿泉水为酿造用水，采用独特的酿造工艺，经过精心酿造而成。燕京啤酒具有醇厚、甘美、芳香的特点，其酒体饱满，口感清爽细腻，回味悠长。

3. 重庆啤酒

重庆啤酒产自重庆啤酒股份有限公司，这是中国西部地区最大的啤酒生产企业之一。重庆啤酒酒精度为4%vol～11%vol，麦芽浓度有8°P、10°P、11.5°P等。重庆啤酒以优质麦芽、大米和山泉水为原料，采用独特的酿造技术和严格的品质控制，口感醇厚、甘美，具有独特的地域特色。

4. 金星啤酒

金星啤酒产自金星啤酒集团，这是中国中部地区最具代表性的啤酒企业之一。金星啤酒酒精度为3.3%vol～4.5%vol，麦芽浓度为8°P～14°P。金星啤酒在酿造过程中注重原料的选择和工艺的精细控制，确保每一瓶啤酒都能达到最高的品质标准，其以醇厚、甘甜的口感和亲民的价格而深受消费者喜爱。

(三) 果露酒类

1. 中国红葡萄酒(甜型)

中国红葡萄酒产自北京市，酒精度在15%vol以上，含糖度大于45.1克/升。此酒以玫瑰香葡萄、龙眼葡萄等优质良种葡萄为原料分别发酵，然后进行勾兑、调色，需储存两年以上。酒液色泽美观，具有质地纯净、果香浓郁、味感爽口、甜酸适度的特点。

2. 烟台红葡萄酒(甜型)

烟台红葡萄酒产自山东省烟台市，酒精度为10%vol～16%vol，含糖度大于45克/升。近年来，该酒厂改善了工艺和配方，酒品在色、香、味3个方面都有所提高。此酒以玫瑰香葡萄为主要原料，以玛瑙红、赤霞珠等20多种葡萄为辅料发酵酿制而成。酒液颜色如红宝石，透明如晶体，具有香气浓郁、滋味醇厚、酸甜适口、芳香扑鼻的特点。

3. 民权白葡萄酒(甜型)

民权白葡萄酒产自河南省民权县，酒精度为12%vol左右，含糖度为45克/升。此酒采用良种葡萄精制而成。酒液呈麦黄色，具有清澈透亮、味感和谐、果味鲜美、甜酸柔和的特点。

4. 沙城白葡萄酒(干型)

沙城白葡萄酒产自河北省怀来县，酒精度为13%vol～16%vol，它是不含糖的干葡萄酒。此酒以当地优质龙眼葡萄为原料酿制而成。酒液呈淡黄色，具有酒质优良、果香浓厚、滋味醇美、口感柔和细润的特点。

5. 烟台金奖白兰地

金奖白兰地产自山东省烟台市，酒精度为40%vol左右，含糖量为每100毫升2克以下。此酒是用葡萄酒蒸馏后，再经陈酿而成。酒液呈金黄色，清澈透明，具有芳香醇厚、甘冽细腻、余味悠长的特点。

6. 烟台味美思

烟台味美思产自山东省烟台市,酒精度为18%vol左右,含糖量为每100毫升14.5～15.5克。它是以优质白葡萄酒调入藏红花、肉桂、豆蔻等15味芳香中药材的汁液制成的,具有开胃、健脾、祛风、补血、助消化等食用功效。

7. 竹叶青

竹叶青产于山西省汾阳市杏花村汾酒厂,酒精度为45%vol,含糖量为100克/升。该酒是以公丁香、陈皮、檀香等芳香中药材,用汾酒加冰糖浸泡调配制成的。该酒酒液色泽金黄带绿,晶亮透明,芳香浓郁,口感香甜,既保留汾酒原有的风味,又有各种药材的香气,具有性平暖胃、消食生津等食用功效。

近年来,我国崛起了两大系列葡萄酒,即"王朝"和"长城"系列,从干型到甜型,从白到红,这两个系列应有尽有,在我国酒店业占有较大的销售份额。

(四) 黄酒类

黄酒又名"老酒""米酒",是我国最古老的传统饮料酒,它是以稻米、黍米、小米等为原料酿制而成的低度酒(酒精度为14%vol～20%vol)。中国黄酒分为江南黄酒、福建黄酒和北方酒,比较知名的有以下两种。

1. 绍兴加饭酒

绍兴加饭酒产于浙江省绍兴市绍兴酿酒厂,酒精度为15%vol左右,含糖度为0.5%～3%。此酒采用优质糯米和麦曲,经长期发酵酿制而成。酒成后装坛密封,储存3年以后才出售,越陈越香。酒液色泽橙黄明亮,口味鲜美醇厚,芳香扑鼻。

2. 龙岩沉缸酒

龙岩沉缸酒产于福建省龙岩市龙岩酒厂,酒精度为14%vol～16%vol,含糖度为27%左右。此酒以上等糯米为原料,采用红曲和药曲为糖化发酵剂酿制,经二次制作加入白酒,成酒后储存2年才出售。酒液呈鲜艳透明的红褐色,香气浓郁,口味醇厚,余味绵长。

> **任务实施**

目标:了解不同类型的中国酒水。

要求:选择3种不同类型的酒水,通过查阅书籍、网络资料或咨询专业人士,深入了解每类酒水的产地、酿造工艺、口感特点等,通过表格形式清晰展示各类酒水的关键信息。

方法:10人一组,由教师示范,然后每人分别进行实际操作。

工具:白酒、红葡萄酒、啤酒。

场地： 实训室。

评估： 由实训教师和小组成员共同根据实际情况，在表 3-1 中打分。

表 3-1　餐饮酒水服务——认识中国酒技能考核表

学生姓名：　　　　　　　　　　　　　　　　　　　　考核时间：

考核内容		考核评价	
学习目标	评价项目	小组评价	教师评价
专业知识 (50分)	中国酒的种类 (30分)		
	各类酒水的关键信息 (20分)		
专业能力 (50分)	正确区分各类酒水 (50分)		
反思与探究： 从实施过程和评价结果两方面进行反思，分析存在的问题，寻求解决办法		评价汇总： 优：80 分以上 良：70～80 分 中：60～70 分 差：60 分以下	

外国酒(中文)

外国酒(英文)

任务二　外国酒

外国酒历史悠久、品种繁多，主要包括蒸馏酒、酿造酒(葡萄酒)、配制酒。著名的产酒国有法国、英国、意大利、德国、瑞士、奥地利、希腊、西班牙、葡萄牙、匈牙利、波兰、俄罗斯、智利、美国、日本、澳大利亚等。

一、蒸馏酒

蒸馏酒指原料经发酵后用蒸馏法制成的酒。这类酒的酒精度较高，一般在40%vol以上，所以又称为烈酒。烈酒可分为六大类，即白兰地、威士忌、金酒、伏特加、朗姆酒、特基拉酒。

(一) 白兰地

白兰地以葡萄为原料，经发酵、蒸馏，装入木桶内经陈酿工艺制成。世界著名的白兰地生产地在法国，其中又以科涅克最为有名，当地生产的白兰地被称为"白兰地酒之王"。白兰地具有芳香弥漫、酒体优雅、口味考究、风格豪壮的特点，酒精度为40%vol～43%vol，代表名品有马爹利、轩尼诗、人头马等。

(二) 威士忌

威士忌是世界名酿，起源于爱尔兰，但最负盛名的却是苏格兰威士忌。威士忌被英国人称为"生命之水"。威士忌可以净饮,可以放入冰块,也可以加入苏打水或矿泉水。威士忌可作为调制鸡尾酒的基酒之一,用它调制的鸡尾酒,色、香、味俱佳。威士忌的产地很多,较为著名的威士忌有苏格兰威士忌、爱尔兰威士忌、美国威士忌、加拿大威士忌等。

(三) 金酒

金酒原产于荷兰,它是以粮谷等为原料,经糖化、发酵、蒸馏所得的基酒,用包括杜松子在内的植物香源浸提或串香复蒸馏制成的蒸馏酒。金酒含有杜松子,故又称为"杜松子酒"。金酒分为荷兰金酒和英国金酒,代表名品有波尔斯、邦斯马、御林军、博士、探戈雷等。

(四) 伏特加

伏特加有"可爱之水"之意。它是以小麦、大麦、马铃薯为原料,经重复蒸馏、萃取、过滤、去除杂质等工序制成的高酒精度饮料。伏特加源于俄国和波兰,是在北欧寒冷国家十分流行的烈性酒,也是俄国具有代表性的烈性酒。伏特加无色、无香、刺激性强,但饮后无上头的感觉,具有中性的特色,适合调制鸡尾酒,代表名品有蓝牛、莫斯科卡亚、哥萨克等。

(五) 朗姆酒

朗姆酒是用甘蔗酿制而成的,先将甘蔗榨汁,然后熬煮,使之变浓至黏稠,再经过发酵、蒸馏,在橡木桶中陈酿而成。朗姆酒主要生产国有牙买加、古巴、波多黎各等,其香气淡雅、口味甘醇。朗姆酒是世界上消费量最大的酒品之一。根据不同的原料和酿制方法,朗姆酒可分为朗姆白酒、淡朗姆酒、强香朗姆酒、老朗姆酒、传统朗姆酒等。代表名品有百家地、麦而斯、龙里可等。

(六) 特基拉酒

特基拉酒是墨西哥人喜爱的酒品,它是用龙舌兰作为原料酿制而成的蒸馏酒。特基拉酒必须经过两次蒸馏,并且陈酿储存。代表名品有凯尔费、斗牛士、玛丽亚西等。

二、葡萄酒

葡萄酒是以葡萄为原料,经榨汁发酵酿制而成的原汁酒,酒精度为9.5%vol～13%vol。葡萄酒以体态完美、色泽鲜艳、气味馨香、滋味醇和怡人、营养丰富、保健作用显著而受到人们的青睐。世界上葡萄酒的主要生产国有法国、意大利、德国、瑞士、西班牙、葡萄牙、奥地利、匈牙利、希腊等。根据葡萄酒的色泽,可将其分为以下几类。

(一) 红葡萄酒

红葡萄酒是用紫葡萄连皮一起压榨取汁，经过自然发酵，储存4～10年制成的。红葡萄酒发酵时间长，葡萄皮中的色素在发酵中溶入酒液，酒色呈红色。红葡萄酒在口味上可分为强烈、味浓和清淡3种。法国波尔多地区生产的红葡萄酒优雅甜润，被称为"葡萄酒之女王"。

(二) 白葡萄酒

白葡萄酒是用青葡萄或紫葡萄去籽去皮后再压榨取汁，经过自然发酵(时间较短)而成的，一般储存2～5年方可饮用。白葡萄酒具有怡爽清香、微酸爽口、果香芬芳的特点，酒色较淡，一般呈淡黄绿色。白葡萄酒在口味上可分为甜、酸、干3种。法国勃艮第地区出产的白葡萄酒，清冽爽口，被誉为"葡萄酒之王"。

(三) 玫瑰红葡萄酒

玫瑰红葡萄酒是将紫皮葡萄带皮发酵，中期去皮，或将青、紫两种葡萄一起带皮发酵，酿制而成的。酒液呈玫瑰红色，一般储存2～3年方可饮用。玫瑰红葡萄酒口味粗烈、不甜，与白葡萄酒一样适宜在低温下饮用。

(四) 香槟酒

酿造香槟酒的原料有紫葡萄和青葡萄，以紫葡萄为主。香槟酒的酿制方法开始与白葡萄酒相同，除去沉淀物后放入发酵樽中发酵，最后清除酒瓶塞上的沉淀物，换上新塞紧固好，存放在有石灰的地窖中。优质香槟从开始酿制到包装出售，需要6～8年时间。香槟酒液呈黄绿色，也有的呈淡黄色，酒精度为11%vol左右，清香纯正，果香浓于酒香，酒气充足，被誉为"酒中皇后"。

法国政府规定，只有法国香槟省出品的葡萄汽酒才能称为香槟。香槟酒应在低温下饮用，这样既可保留了气体，又能增加清凉爽口的感觉。

三、配制酒

配制酒以原汁酒或蒸馏酒作为基酒，采用与酒精或非酒精物质进行勾兑、浸泡、混合等多种手段调制而成。配制酒品种繁多，风格各异。法国、意大利、荷兰等国生产的配制酒最为有名。

(一) 开胃酒

常见的开胃酒有味美思、比特酒和茴香酒。

1. 味美思

味美思以白葡萄酒为基酒，加入奎宁、龙胆肉桂、小茴香、康香草等几十种香料、草药浸制而成。味美思的著名产地有意大利和法国，代表名品有马天尼、仙山露、香百丽、杜法尔等。

2. 比特酒

比特酒也叫苦味酒，是以葡萄酒和食用酒精作为基酒，加入从带苦味的植物根茎和药材中提取的香精配制而成的。比特酒苦味突出，幽香浓郁，有助于消化、滋补和调节情绪。比特酒的产地有意大利、法国等，代表名品有金巴利、杜邦内、亚马等。

3. 茴香酒

茴香酒是用茴香油与食用酒精或蒸馏酒配制而成的。茴香油一般从八角茴香和青茴香中提炼取得。茴香酒酒液光泽较好，香味甚浓，馥郁迷人，代表名品有培诺、巴斯的斯、白羊倌等。

(二) 甜食酒

甜食酒是以葡萄酒为基酒调配而成的，主要特点是口味较甜，一般佐助甜食饮用，代表名品有波特酒、雪利酒、玛德拉酒等。

(三) 利口酒

利口酒是一种以食用酒精和其他蒸馏酒为基酒，配制各种调香原料，经过甜化处理的酒精饮料。利口酒也称为烈性甜酒，它颜色娇美，气味芬芳独特，酒味甜蜜，是极好的餐后酒，也是调制鸡尾酒常用的辅助酒。著名的利口酒产于法国和意大利，代表名品有本尼狄克丁、沙特勒酒、薄荷酒、玫瑰甜酒、紫罗兰甜酒等。

(四) 鸡尾酒

鸡尾酒是用两种以上的酒类和饮料，以及糖、奶、蛋，加上酸、咸、苦、辣味的调味品以及冰块混合调制而成的，通常还会在酒液中或酒杯上加上各种色彩艳丽的鲜果和装饰。鸡尾酒是一种色、香、味、形俱佳的混合饮品，具有口味卓绝、酒色艳丽的特点，通常酒精含量较低，兴奋作用较强，需要冷藏。

(五) 啤酒

啤酒是一种营养丰富的低酒精度的饮料酒，无色素和防腐剂，营养丰富，含多种维生素、蛋白质、氨基酸及矿物质，且容易被人体吸收，既能消暑降温又能解渴，是一种广受人们欢迎的酒精饮料，享有"液体面包""液体维生素"的美称。

啤酒深受世界各国饮酒人士的喜爱，世界上的啤酒生产大国有中国、美国、德国、俄罗斯、日本等，人均啤酒消费较多的国家有捷克、斯洛伐克、德国、澳大利亚、比利时、荷兰、英国等。代表名品有波尔森啤酒、慕尼黑啤酒、多特蒙德啤酒、巴登爱尔兰啤酒等。

任务实施

目标：了解不同类型的外国酒水。

要求：选择3种不同类型的酒水(如白酒、红葡萄酒、啤酒)，通过查阅书籍、网络资料或咨询专业人士，深入了解每种酒水的产地、酿造工艺、口感特点等，通过表格形式清晰展示每种酒水的关键信息。

方法：10人一组，由教师示范，然后每人分别进行实际操作。

工具：白酒、红葡萄酒、啤酒。

场地：实训室。

评估：由实训教师和小组成员共同根据实际情况，在表3-2中打分。

表3-2 餐饮酒水服务——认识外国酒技能考核表

学生姓名： 考核时间：

考核内容		考核评价	
学习目标	评价项目	小组评价	教师评价
专业知识 (50分)	外国酒的种类 (30分)		
	各类酒水的关键信息 (20分)		
专业能力 (50分)	正确区分各类酒水 (50分)		
反思与探究： 从实施过程和评价结果两方面进行反思，分析存在的问题，寻求解决办法		评价汇总： 优：80分以上 良：70～80分 中：60～70分 差：60分以下	

酒的保管与储藏(中文)

酒的保管与储藏(英文)

任务三　酒的保管与储藏

酒的主要成分是酒精、水、酸类、糖分等物质，在保管和储藏过程中易发生挥发、渗漏、混浊、沉淀、酸败等变质损耗现象。由于各种酒类的酒精度不同，保管条件不一，可能发生的变质损耗现象也有所不同。

酒精度较高的酒具有较强的杀菌能力，不易酸败变质，但会出现挥发、渗漏现象。酒精度较低的酒，因其含酸类、糖分等物质较多，易受杂菌感染，若保管温度过高，酒液会再次发酵，出现混浊、沉淀、酸臭变质、变色变味等情况。因此，在保管与储藏酒时，应针对各类酒的特点，因地制宜，选择清洁卫生、避光、干燥、温度适宜的酒库。

对于蒸馏酒，应将酒瓶竖直立放，以便于瓶内酒液挥发，达到降低酒精含量、改善酒质和酒的风格的目的。

对于各类葡萄酒，应根据其特点进行储藏，将白葡萄酒、香槟酒、汽酒存放于冷库，将红葡萄酒存放于专用酒库，储藏温度一般大于10℃。要防止光线过强或光线直射酒瓶。酒库中避免放置除酒类以外的杂物，以防气味污染。存放酒精度不超过14%vol的佐餐酒时，酒瓶应平放，标签朝上，让软木塞被酒液浸润，使其膨胀，从而隔绝空气，达到防腐的目的。

对于刚购买运回的酒，应制定一个"醒酒期"，这是因为酒在运输过程中受到振动，酒的分子处于活跃状态，让酒"醒"半个月后再售给宾客饮用，口感更佳。

对于入库的酒类，要进行登记，为每一类酒配一张卡片，将酒龄、产地、标价等登记在案。贵重的酒应放在保险柜里小心保存，防止破损和失窃。

酒店除了建立酒库外，还应在酒吧等消费场所设立酒柜。在酒柜内应摆一些比较常见及比较畅销的酒品。白葡萄酒、玫瑰红葡萄酒及香槟酒应放入冰箱冷藏，以便随时供应，但冷藏时间不宜过长，最长为两个星期。啤酒在保存期间，瓶子要立放，不能和具有强烈气味的物品混放在一起，以免改变啤酒的味道。啤酒的存放期通常为两个月，最长不超过半年。如果是鲜啤酒，则应现进现售，储存时间最好不要超过一昼夜，以免变质。

任务实施

目标：为3种酒水设计合理的保管与储藏方案。

要求：方案内容包括储藏环境的温度、湿度、光照要求，不同类型酒水的摆放方式(如横放、竖放)，储藏期限等注意事项，以及过期酒水的处理方式。绘制储藏环境示意图，并详细说明方案的实施步骤和注意事项。

方法：10人一组，由教师示范，然后每人分别进行实际操作。

工具：白酒、红葡萄酒、啤酒。

场地：实训室。

评估：由实训教师和小组成员共同根据实际情况，在表3-3中打分。

表 3-3　餐饮酒水服务——酒的保管与储藏服务技能考核表

学生姓名：　　　　　　　　　　　　　　　　　　　　　　　考核时间：

考核内容		考核评价	
学习目标	评价项目	小组评价	教师评价
专业知识 (50分)	不同酒水的储藏要求 (30分)		
	不同酒水的储藏注意事项 (20分)		
专业能力 (50分)	各类酒水储藏方法 (50分)		
反思与探究： 从实施过程和评价结果两方面进行反思，分析存在的问题，寻求解决办法		评价汇总： 优：80 分以上 良：70～80 分 中：60～70 分 差：60 分以下	

酒水品鉴（中文）

酒水品鉴（英文）

课堂笔记

学习心得

课外拓展

任务四　酒水品鉴

　　酒水可用于聚会、庆祝、疗愈、享受。在品尝酒水的过程中，酒水的味道、质地、口感、色泽等方面都能给人们带来极大的乐趣，品鉴酒水也成为很多人追求品质生活的一种表现。

一、观察

　　品鉴酒水时，第一步是观察酒水的外观，主要观察色泽、酒液附着度和透明度等方面。浅色、透明的酒，口味一般比较清淡；颜色较深的酒，酿造时可能加入了特定的配料。

二、嗅闻

　　嗅闻酒水可以感受香气的种类。香气一般分为果香、花香、橡木香、烟草香、草本植物香等气味。好酒通常具有清新而浓郁的香气。在品鉴酒水之前，通常要轻轻摇晃杯子，让酒水在杯底旋转，从而散发更浓郁的香气。此外，为了保证酒水温度适宜，还可以将杯子放在热水中稍微加热。

三、品尝

　　品尝酒水时，首先要细细品味酒水的口感。口感一般分为甜、酸、苦、咸等类型。不同类型的口感所占的比例不同，也会影响品尝者对酒水的感受。其次要品尝酒水的余味，好的酒水通常口感丰富、回味悠长，而差的酒水通常会有杂味或者余味不佳。

任务实施

目标： 学会品鉴不同类型的酒水。

要求： 按照业内通行的品鉴步骤（如观色、闻香、品味等）进行品鉴，记录品鉴过程中的感受，以及酒水的颜色、香气、口感等特征。分析品鉴结果，总结不同酒水之间的风味差异。撰写品鉴报告，报告内容包括品鉴过程、感受总结及对比分析。

方法： 10人一组，由教师示范，然后每人分别进行实际操作。

工具： 白酒、红葡萄酒、啤酒，酒杯。

场地： 实训室。

评估： 由实训教师和小组成员共同根据实际情况，在表3-4中打分。

表3-4　餐饮酒水服务——酒水品鉴技能考核表

学生姓名：			考核时间：
考核内容		考核评价	
学习目标	评价项目	小组评价	教师评价
专业知识(50分)	品鉴流程规范性(30分)		
	品鉴感受真实性(20分)		
专业能力(50分)	酒水品鉴方法(50分)		
反思与探究： 从实施过程和评价结果两方面进行反思，分析存在的问题，寻求解决办法		评价汇总： 优：80分以上 良：70～80分 中：60～70分 差：60分以下	

任务五　鸡尾酒调制

一、鸡尾酒的定义

鸡尾酒是用基本成分(基酒)、添加成分(利口酒和其他辅助酒)、香料、添色剂及特别调味用品(糖粉、盐霜、洋葱、橄榄等)按一定比例配制而成的混合饮品。

无论哪一种鸡尾酒，添加各种成分时都要遵照一定的规律和分量要求，要突出和保持基酒的特性。中式鸡尾酒多以茅台酒、汾酒、五粮液酒、竹叶青酒等为基酒；西式鸡尾酒多以金酒、威士忌、白兰地、伏特加、朗姆酒以及特吉拉酒为基酒。其他添加成分，如香料、汁类、利口酒等都是为了增加鸡尾酒的味道，而不是为了盖住其主要味道，因此必须严格按比例添加。虽然添加成分在鸡尾酒中只起辅助作用，但如果没有这些辅料，鸡尾酒就不能更好地发挥其特色，严格来说，就不能称之为鸡尾酒。

鸡尾酒之所以受到世界各国人民的喜爱，一是因为制作简单方便，任何人都可以根据自己的喜好调制出不同口味的鸡尾酒；二是因为在调制过程中，由于兑入了其他饮料，烈性酒的酒精度被降低，从而成为一种中性饮料，更适合多数人饮用。

二、调酒用具

调酒用具包括各种杯具、盛酒器、调酒器和辅助工具，以下为常用的调酒用具。

(1) 小型直身玻璃杯。

(2) 中型直身玻璃杯。

(3) 高型直身玻璃杯。

(4) 阔口矮型玻璃杯。

(5) 果汁玻璃杯。

(6) 阔口高脚玻璃杯。

(7) 香槟酒杯。

(8) 三角鸡尾酒杯。

(9) 高脚葡萄酒杯。

(10) 高脚酒杯。

(11) 小型高脚雪利酒杯。

(12) 小型高脚甜酒杯。

(13) 阔口直身有耳玻璃杯。

(14) 圆球形白兰地酒杯。

(15) 宾治盒。

(16) 阔口高型玻璃杯。

(17) 调酒壶，用于摇混鸡尾酒。

(18) 调酒杯，用于搅匀鸡尾酒。

(19) 滤酒器，用于过滤鸡尾酒酒液。

(20) 调酒匙，用于搅拌鸡尾酒。

(21) 调酒棒，用于搅拌鸡尾酒。

(22) 量杯，用于确定斟酒分量。

(23) 量酒器，用于量取酒的分量。

(24) 压榨器，用于压榨水果汁。

(25) 过滤器，用于过滤冰碴、果肉。

(26) 冷藏香槟酒。

(27) 冰桶，用于盛装冰块。

(28) 冰夹，用于夹取冰块。

(29) 碎冰器，用于粉碎冰块。

(30) 开瓶器，用于开启汽水、啤酒。

(31) 开塞器，用于开酒瓶软木塞封。

(32) 水果刀，用于削果皮、切水果。

(33) 水勺，用于盛装冷水。

(34) 奶勺，用于盛装鲜奶。

(35) 糖盅，用于盛装砂糖或方糖。

(36) 酒杯垫纸，用于垫酒杯底。

(37) 串签，用于串樱桃等饰物。

三、鸡尾酒的调制方法

(一) 摇混法

摇混法又名摇荡法，这种调制方法适合于调制含有浓乳、糖水、石榴糖浆、鸡蛋、奶油等不易搅拌均匀的原料的鸡尾酒，或酒精度不高的鸡尾酒。通过手摇操作，原料充分混合，从而除去烈酒的辛辣味。适合采用摇混法调制的鸡尾酒有蛋诺、边车、曼哈顿、亚历山大、红粉佳人等。

(二) 搅拌法

操作时，将原料放入调酒杯中，再放入冰块，用调酒匙轻轻搅拌，注意力度不要过大，次数不要过多，一般来回轻搅五周即可，最后套上隔冰器，将酒液滤入溜过的酒杯中。

"溜杯"是调酒的专业术语，即调酒前对酒杯预先降温。溜杯方法多样，可以放入冰柜，也可以使用冰块。

搅拌法和摇混法看似相同，但两者有一定的区别。搅拌法适用于烈性酒的调制，如马丁尼、生锈钉、教父、黑俄罗斯等。这些鸡尾酒都只含烈酒，没有

创意自制
鸡尾酒
(中文)

柠檬汁、果汁、糖水等原料。之所以用搅拌法不用摇混法，是因为摇混法力度大，时间略长，会冲淡烈酒酒液，降低酒精度，这样就失去了使用烈酒的意义；而用搅拌法不仅不会冲淡酒液，还能使酒液在短时间内充分冷却，改善口感。

(三) 果汁机混合法

果汁机混合法又名电动调和法，该方法依靠果汁机的电力，将各种原料充分混合。这种方法适用于调制两种类型的鸡尾酒：一是含有冰末、冰沙、小冰块的鸡尾酒。只有电动调制才能在短时间内达到最好的效果，大冰块通过搅打，变为细小的冰粒、冰晶等，而且不会融化，有很强的装饰效果。二是含有新鲜水果块的饮料。这里就不局限于鸡尾酒了，还可用于调制花式红茶、花式奶茶、花式咖啡、奶昔等。适合采用果汁机混合法调制的鸡尾酒有霜冻玛格丽特、霜冻达其力、凤梨可乐达、天蝎座、亲亲等。

(四) 直调法

直调法又名掺兑法、直接注入法。这种方法比较简单，就是直接在酒杯中加冰块，将原料依次倒入杯中稍加搅拌即可。这种方法适用于调制长饮鸡尾酒，长饮鸡尾酒是指基酒比重低、辅料比重高的鸡尾酒，短饮鸡尾酒则反之。一般长饮鸡尾酒辅料分量大，而雪克壶、调酒杯容量不够，用果汁机又显得"小题大做"，所以，对于长饮鸡尾酒，特别是含碳酸饮料原料的长饮鸡尾酒最适合用此法调制，这是因为碳酸饮料不能摇荡，不能用摇混法来调制，用搅拌法又会过多地散失碳酸气。适合采用直调法调制的鸡尾酒有金汤力、自由古巴、咸狗、螺丝刀、血玛莉、BB哥连士、古典、马颈等。

需要特别指出的是，"漂浮法"也属于直调法。此法比较独特，它利用原料糖分比重不同的原理来调制鸡尾酒。调制时，将调酒匙背靠住酒杯内壁，用量酒器或滴管慢慢将不同的酒按含糖比重的高低依次加入杯中，达到分层效果，糖分比重最高的酒在最下层。调制时应注意掌握"三度"，即力度、速度和角度，以免造成酒液分层不明显或酒液部分混合。适合采用漂浮法调制的鸡尾酒有彩虹酒、B-52轰炸机、B对B、天使之吻等。

四、鸡尾酒的装饰

一杯完美鸡尾酒的出品往往需要三个要素互相配合，即用料、装饰物、杯具，这三个要素对鸡尾酒的成品起着至关重要的作用。在塑造鸡尾酒的外形美方面，杯具和装饰物非常重要。

鸡尾酒的装饰物以各类水果为主，如樱桃、菠萝、橙子、柠檬等。不同的水果原料可构成不同形状的装饰物，在使用中要注意装饰物的颜色和口味应与酒液保持和谐一致，从而使鸡尾酒色彩缤纷，给人以赏心悦目的艺术享受。

在鸡尾酒装饰物中，最常见的是红(绿)樱桃、柠檬和鲜橙。使用樱桃前，应以冷开水冲洗。制作橙片的方法是选用无核的鲜橙，沿橙子瓣由上而下切成两半，头尾各切掉1.5厘米，再纵向长切成同等厚度的橙片。制作柠檬片的方法是先把头尾端切掉，再横向切成0.7～1厘米厚的片状，如柠檬片用于插杯边可切得稍厚些，还可切成柠檬角或者削去柠檬皮食用。

任务实施

目标：学会调制鸡尾酒。

要求：学生选择或设计三种不同的鸡尾酒，编写每种鸡尾酒的配方(包括所需材料、用量及调制步骤)，确保三种鸡尾酒具有独特的口感和色彩搭配，并说明命名理由；拍摄调制过程，以照片或短视频的形式附在作业中，以展示调制技巧和成品效果。

方法：10人一组，由教师示范，然后每人分别进行实际操作。

工具：调制鸡尾酒的常用用具和配料。

场地：实训室。

评估：由实训教师和小组成员共同根据实际情况，在表3-5中打分。

表3-5 餐饮酒水服务——调制鸡尾酒技能考核表

学生姓名： 考核时间：

考核内容		考核评价	
学习目标	评价项目	小组评价	教师评价
专业知识(50分)	配方创意与合理性(30分)		
	调制技巧(20分)		
专业能力(50分)	调制鸡尾酒的方法与技巧(50分)		
反思与探究： 从实施过程和评价结果两方面进行反思，分析存在的问题，寻求解决办法		评价汇总： 优：80分以上 良：70～80分 中：60～70分 差：60分以下	

任务六　侍酒服务

一、斟酒前的准备工作

（一）检查

服务员从指定区域领出酒水后，应确保瓶身洁净。检查酒水质量，如酒水中有悬浮物、酒水浑浊等，应及时调换。

（二）示瓶

示瓶时，服务员应站在客人的右侧，左手托住瓶底，右手扶瓶颈，将酒标朝向客人，让客人确认所点酒水的商标、品种或年份等信息。

（三）调节酒水温度

(1) 冰镇。冰镇分为冰块冰镇和冰箱冷藏冰镇两种方法。采用冰块冰镇方法时，准备好需要冰镇的酒水和冰桶，在桶中放入冰块，冰块不宜过大，将酒瓶插入冰块中，一般10分钟后，即可达到冰镇效果，也可在酒杯中放入冰块，轻轻旋转杯子，达到为盛酒杯具降温的目的。采用冰箱冷藏冰镇时，需提前将酒水放入冷藏柜内，直至酒水达到合适的饮用温度再取出。适合冰镇饮用的酒水有白葡萄酒、啤酒、香槟酒、葡萄汽酒、玫瑰红葡萄酒等。

(2) 温酒。温酒的方法有水烫、烧煮、燃烧、将热饮料冲入酒液中或在酒液中注入热饮料等。温酒可使某些酒水(如加饭酒)喝起来更有滋味。

（四）准备酒杯

不同的酒水需搭配不同的酒杯，这样不仅可以体现餐厅服务的专业化程度，还能为客人营造良好的就餐氛围，体现餐厅的优质服务。服务员应确保酒杯洁净光亮，安全卫生，无水迹、油迹、指纹。

（五）开酒瓶

(1) 准备好酒钻、毛巾。

(2) 使用正确的开瓶器。开瓶器有两种：一种是专门用于开启瓶塞的，如多功能开瓶器(酒刀)、翅式开酒钻；另一种是开瓶盖用的启盖扳手。

(3) 开瓶时应动作轻盈，减少瓶身晃动。开启瓶塞以后，要用干净的餐巾擦拭瓶口，检查瓶口是否有问题。开启后的封条、木塞、盖子等杂物，不要直接放在桌子上，可以放在小盘子里，操作完后要一起带走。

侍酒服务
(起泡酒)
(中文)

侍酒服务
(起泡酒)
(英文)

侍酒服务
(老酒滗酒)
(英文)

课堂笔记

学习心得

课外拓展

(六) 尝酒

服务员在斟葡萄酒时，应先为主人斟倒适量的酒水，让主人品鉴，征得主人同意后再为其他客人斟酒。

二、斟酒

(一) 斟酒方法

(1) 徒手斟酒。服务员站立在客人右侧，左手持一块洁净的餐巾，背于身后，右手握酒瓶中部，酒标朝向客人。斟酒时，身体微向前倾。斟至适当酒量时，右手持瓶顺时针旋转45°，收回酒瓶。

(2) 托盘斟酒。使用托盘斟酒时，服务员应右手托托盘，向客人展示托盘中的酒水，并让客人选择酒水，然后斟倒。托盘不可越过客人的头顶，服务员掌握好托盘重心的同时，应用左臂将托盘向外托送，避免托盘碰到客人。

(二) 斟酒量

(1) 白酒斟至八分满。

(2) 红葡萄酒斟至五分满，白葡萄酒斟至七分满。

(3) 斟香槟酒时，应将酒瓶用干净的餐巾包好，先斟倒酒杯容量的三分之一，待泡沫散去后，再继续斟倒，斟至酒杯容量的三分之二即可。

(4) 啤酒等泡沫丰富的酒，应分两次斟倒，以泡沫不溢为准。

(三) 斟酒顺序

中餐斟酒一般从主宾位开始，按照顺时针方向斟倒。对于大型宴会，一般提前5分钟左右将客人的酒斟好，若是两名服务员同时操作，则一名服务员从主宾位开始斟酒，另一名服务员从副主宾位开始斟酒，按顺时针方向进行。

(四) 斟酒的注意事项

(1) 斟酒时，瓶口不可与杯口相碰，以相距2厘米为宜。

(2) 斟酒时，根据瓶内酒量适当地倾斜瓶身，控制酒液流下的速度。

(3) 服务员如操作不当将酒杯打翻，应首先向客人道歉，为客人擦拭，同时将酒杯扶起，将一块干净餐巾铺在酒杯上；然后检查酒杯有无破损，如有破损，应立即更换新杯；如无破损，应将酒杯放回原处，重新斟酒。

(4) 当客人杯中酒水少于三分之一时，应该征询客人意见，及时添酒、添饮料。

(5) 当瓶内剩余酒水不足一杯时，不宜再为客人斟倒。

(6) 在大型宴会中，主宾讲话前，服务员要将酒水斟倒好，以备宾主祝酒之用。主宾讲话时，服务员应停止操作，站在适当的位置，以示敬意。待主宾讲话结束后，将讲话者的酒水送上，以供祝酒之用。

任务实施

目标：掌握侍酒服务流程和方法。

要求：学生模拟在餐厅中为客人提供侍酒服务的全过程，包括但不限于：介绍酒水，推荐搭配菜肴的酒水；正确开瓶、倒酒及展示酒品；处理客人对酒水的疑问或特殊要求；清理服务区域，保持服务区域的整洁与卫生。完成任务后，需提交侍酒服务报告，报告中应包含模拟过程的详细描述、遇到的问题和解决方法，以及个人或团队的反思与改进意见。

方法：10人一组，由教师示范，然后每人分别进行实际操作。

工具：不同类型的酒水、不同的酒杯、托盘、冰桶、酒钻、毛巾等。

场地：实训室。

评估：由实训教师和小组成员共同根据实际情况，在表3-6中打分。

表3-6 餐饮酒水服务——侍酒服务技能考核表

学生姓名： 考核时间：

考核内容		考核评价	
学习目标	评价项目	小组评价	教师评价
专业知识(40分)	服务流程规范性(20分)		
	服务流程专业性(20分)		
专业能力(40分)	侍酒服务流程规范(40分)		
通用能力(20分)	沟通能力(10分)		
	细节处理(10分)		
反思与探究： 从实施过程和评价结果两方面进行反思，分析存在的问题，寻求解决办法		评价汇总： 优：80分以上 良：70～80分 中：60～70分 差：60分以下	

知识链接——国家级评酒会评选"国家名优酒"

1952年，第一届国家级评酒会在北京举行，共评出四大名酒，分别是茅台酒、汾酒、泸州老窖、西凤酒。

1963年，第二届国家级评酒会在北京举行，共评出八大名酒，分别是茅台酒、五粮液、古井贡酒、泸州老窖、汾酒、西凤酒、董酒、全兴大曲。此外还评出9种优质酒。

1979年，第三届国家级评酒会在大连举行，共评出八大名酒，分别是茅台酒、五粮液、泸州老窖、剑南春、古井贡酒、汾酒、董酒、洋河大曲。此外还评出18种优质酒。

1984年，第四届国家级评酒会在太原举行，共评出十三大名酒，分别是茅台酒、五粮液、泸州老窖、剑南春、古井贡酒、汾酒、董酒、西凤酒、洋河大曲、全兴大曲(水井坊)、郎酒、双沟大曲、特制黄鹤楼酒。此外还评出27种优质酒。

1989年，第五届国家级评酒会在合肥举行，共评出十七大名酒，在第四届评酒会评选的十三大名酒的基础上增加了宝丰酒、宋河粮液、沱牌曲酒、武陵酒。此外还评出53种优质酒。

学习法宝 思维导图

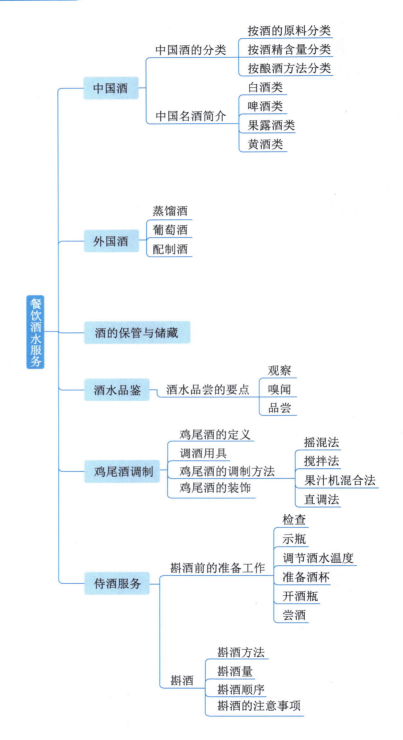

项目三 ▶ 餐饮酒水服务

学习法宝 ▶▶▶ 学习笔记

| 项目 | • 餐饮酒水服务 | 日期 | • |

| 标题 | • |

关键词
1.
2.
3.

笔记内容
1.
2.
3.

备注
1.
2.
3.

学习法宝 ▶▶▶ 课后练习

一、填空题

  1. 外国酒可分为_____、_____、_____。

  2. 中国酒可分为_____、_____、_____、_____。

  3. 鸡尾酒装饰三要素是_____、_____、_____。

二、简答题

  1. 简述侍酒服务流程。

  2. 请按中国酒的分类写出每一个类型的代表酒水。

079

项目四 餐饮服务

2022年5月，全国旅游标准化技术委员会就国家标准《旅游饭店星级的划分与评定》(修订征求意见稿)公开征求意见，并于2024年3月1日正式实施，该标准规定四星级以上的高星级饭店应设有独具特色、格调高雅、位置合理的咖啡厅(或简易西餐厅)，能提供自助早餐、西式正餐；五星级饭店应设有布局合理、装饰豪华、格调高雅的专业西餐厅，并配有专门厨房。餐厅是酒店向客人提供餐饮服务、宣传饮食文化和展示酒店服务水准的主要场所，其建筑装潢应突出民族风格，菜品也应因所在餐厅不同而有所改变。无论是几星级饭店，都应提供优质的餐饮服务。餐饮服务主要可分为餐前备餐服务、餐中就餐服务及餐后结束服务三个环节。

·课程思政·

本项目结合语言描述情境、表演体会情境、拓展情境、生活再现情境的教学方法，通过一系列实践操作，强调以学生为主体，通过学生自主探索、师生互动实现学生的自主发展，强化学生的服务管理和协作创新能力，同时将个人品格、专业素养、家国情怀和科学素养等课程思政理念融入教学中，通过知识传授、专业技能培养来提升学生的科学素养和价值认同感，实现培养"知行合一"的餐饮人的育人目标。

·学习目标·

(1) 掌握中、西餐零点服务要领。

项目四 餐饮服务

(2) 掌握中、西餐宴会服务要领。
(3) 掌握餐饮酒水服务程序。

· 学习重点 ·

(1) 中餐服务流程。
(2) 西餐服务流程。

· 学习难点 ·

(1) 西餐服务中的英语运用。
(2) 及时妥善处理突发事件。

情境导入——如此服务真是不应该

某天，某酒店中餐宴会厅承办一场大型婚宴，宾客满席，热闹非凡，整个宴会厅洋溢着喜庆的气氛。

本场婚宴档次比较高，酒店为了展现良好的服务，在每一个区域都配备了足够的服务员。服务员按照程序将酒水和菜肴送上桌，客人们吃得津津有味。台上的司仪主持得很卖力，不时组织一些好玩、好笑的节目，不仅吸引着客人，也吸引着服务员。最后，宴会在客人们的祝福中结束了。

客人临走的时候，主管请客人代表提意见，其中有一位客人在意见簿里留下这样几句话："餐厅的环境不错，菜的味道也不错，我们大家都吃得很开心，玩得很开心。但是桌面很不雅观，骨碟垃圾如山高，烟蒂没处放，酒水也找不到。"

客人走后，主管召集服务员开了一场关于此次婚宴的临时会议，把客人的意见及时传达给相关的服务员，希望大家能正视存在的问题，引以为戒。

情境分析

宴会服务程序复杂，包含从备餐开始到把客人送出餐厅的全过程。在本案例中，客人虽然没有投诉，但是从他的意见中可以看出酒店餐厅的服务的确存在问题。虽然婚宴很热闹、很吸引人，但是在任何时候、任何情况下，服务员都不能忘了自己的本职工作。在席间，服务员应随时观察桌面的情况，及时更换骨碟、烟灰缸等，应根据客人的需要及时为客人斟酒，应将服务做在客人开口之前。

中餐服务
(中文)

中餐服务
(英文)

中餐服务
(泰文)

课堂笔记

学习心得

课外拓展

任务一　中餐零点服务

一、中餐早餐服务

(一) 餐前准备

(1) 服务员按餐厅要求着装，按时到岗，接受任务。

(2) 服务员根据规范进行餐前清洁卫生工作，如检查地面卫生，保持餐具、棉织品、家具等的清洁卫生。

(3) 服务员按早餐规范摆台。

(4) 服务员烧好开水，备好茶叶和各种佐料，整理工作台，准备开餐用具。

(5) 主管召集班前会，进行人员分工，检查服务员个人卫生、仪容仪表和精神面貌，强调餐厅营业的注意事项。

(二) 问茶开位(广式早茶服务规范)

(1) 当客人进入餐厅时，迎宾员要面带微笑迎接客人、问候客人，问清人数后，引领客人至合适的餐台就座。

(2) 值台服务员主动问候客人并为客人拉椅让座，送上小毛巾，问茶并按需要开茶。为客人开茶时，不能直接用手取茶叶，应用茶匙按茶位放茶，注意茶量和卫生。开茶到台，应在客人右侧斟倒第一杯礼貌茶。斟倒时，按规范提供服务。如客人临时加位，应加适量茶叶，冲水送上，并为其斟倒第一杯礼貌茶。

(3) 服务员根据客人的要求填写点心卡，记上桌号、茶位，签上姓名，把点心卡送上桌，去掉筷套。

(三) 开餐服务

(1) 开好茶位后，负责点心推销的服务员分别将各种早茶车推至客人面前，向客人介绍当天供应的点心品种。

(2) 客人点好点心后，服务员迅速提供服务并在点心卡上记录或盖印章。

(四) 餐间服务

(1) 在客人进餐过程中，服务员应为客人勤添水斟茶、更换茶叶。

(2) 服务员应及时收点心笼、撤换餐具、更换小毛巾，并继续向客人推销点心及提供相应的服务。

(五) 结账送客

(1) 客人示意结账时，服务员应迅速将点心卡交收银员计算汇总，备好账单，用账单夹递送，按规范替客人办理结账手续，并向客人致谢。

(2) 主动替客人打包食品。

(3) 客人离座时，服务员应帮助拉椅，再次致谢，提醒客人带上自己的物品，向客人表示欢迎下次光临，道再见。

(六) 清理台面

(1) 整理餐椅，收餐巾和小毛巾，再用托盘收茶具和其他餐具并送入洗碗间分类摆放。

(2) 换上干净台布，重新摆好干净餐具，准备迎接下批客人或为午餐摆台。

二、中餐午、晚餐服务

中餐午、晚餐服务一般都是零点服务，要求服务员具有良好的服务态度、较强的敬业精神和过硬的服务技能，反应灵敏，熟悉业务，了解当天厨房的供应情况、厨房菜式的基本烹调方法和客人的心理需求，能推销符合客人需求的菜点，并向客人提供最佳服务。

(一) 餐前准备

(1) 按餐厅要求着装，按时到岗，接受任务。

(2) 整理和补充工作台。

(3) 按中餐零点摆台的规范摆台。

(4) 按餐厅卫生要求进行清洁工作。

(5) 备好调味品、开水、茶叶、洗手盅、小毛巾等开餐物品。

(6) 备好各种服务用具，如点菜单、托盘、服务箱。

(7) 领班、主管要仔细检查各项准备工作，并在班前会上检查服务员个人仪容仪表，强调注意事项，进行分工，使服务员在思想上进入营业状态。

(二) 迎宾

(1) 尽量将先到餐厅的客人安排在靠窗口或靠门口区域的餐位，以便窗外、门外的行人看见，以招徕客人。

(2) 尽量将情侣安排在风景优美的角落，避免他们受到打扰。

(3) 将着装华丽的女性客人安排在餐厅中央显眼的位置。

(4) 将行动不便的老年人或残疾人安排在门口附近的位置。安排残疾人入座时，应尽量挡住其残疾部位。

(5) 将着急用餐的客人安排在靠厨房的位置，以方便迅速上菜。

(6) 主动为带孩子的客人提供儿童座椅，并保证其安全。

(7) 对带宠物来餐厅的客人，应婉言告诉客人宠物不能带进餐厅。

(8) 餐厅客满时，请客人在休息区等候，如有空位应立即按等候顺序安排客人入座。客人等候时，为其提供菜单和酒水服务。如果客人不愿意等候，可主动帮助客人联系本酒店的其他餐厅，尽量安排客人在本酒店就餐。

(9) 在引领客人进入餐厅各服务区时，应考虑不同区域的服务员的工作量，以确保优质服务。

(三) 餐前服务

(1) 迎宾员为客人递送菜单之后，值台服务员应及时递上小毛巾并使用敬语"请用毛巾"。

(2) 请客人点饮料时，应使用选择疑问句，同时主动介绍饮料品种。服务员可以一边递铺餐巾、去筷套一边询问，一般在客人右侧操作。

(3) 迅速填写点酒单，准备饮料，在客人右侧提供服务，应使用恰当的敬语。

(4) 从主宾开始为客人服务调味酱油或醋。

(5) 撤去多余的餐位或加位。

(6) 做好点菜的准备工作，站在适当的位置，随时准备帮助客人点菜。

(四) 点菜服务

客人看完菜单后，服务员应按规范接受点菜。为了提供优质服务，做好推销工作，服务员应了解客人的需求，熟悉菜单，主动提供信息和帮助，按规范安排菜单。

1. 点菜准备工作

(1) 了解菜品的制作方法、烹调时间、口味特点和装盘要求。

(2) 了解菜品的单位，即一份菜的规格和分量等，通常以盘、斤、两、只、打、碗等来表示。

(3) 了解菜肴分量和组成，能根据客人人数和口味需求安排菜品。

(4) 观察客人的言谈举止、年龄和国籍，以获得客人信息，掌握外籍客人的饮食习惯和菜品知识，便于做好建议性销售。

(5) 能用外语介绍菜品口味特点、烹调方法和原料等。

(6) 了解上菜顺序和佐料搭配。

2. 点菜步骤

(1) 在客人准备点菜时，服务员应立即走上前询问："我可以为您点菜吗?"

(2) 注意观察,了解客人需求,主动介绍当天的特选菜,多用描述性语言和选择疑问句,不能强行推销,协助客人选择,注意荤素搭配和分量适中。

(3) 接受客人点菜时,身体前倾,认真清楚地记录客人所点的菜品名。

(4) 为了确保点菜正确无误,应重复客人所点的菜品,请客人确认。

(5) 复述完毕,应收回菜单,并向客人表示感谢:"非常感谢,请稍等。"

3. 填写点菜单(订单)

点菜单一般一式四联,一联交收银员,二、三联由收银员盖章交传菜部,四联由服务员自留或放在客人餐桌上以备核查。填写点菜单应遵循如下要求。

(1) 许多餐厅由餐厅领班或高级服务员为客人点菜,填写点菜单时要写明台号、人数、服务员的姓名和日期。

(2) 正确填写菜品数量和菜品名。

(3) 空行用笔划掉。

(4) 如有特殊要求,用其他颜色的笔注明。

(5) 冷菜、热菜和点心分单填写,以便厨房分类准备和操作。

(6) 点完菜后,主动推销酒水,填写酒水订单。

现在许多餐厅利用计算机系统和局域网络提供点菜服务,将前台餐厅计算机输入端与后台厨房打印设备和收银结账终端连接,前台服务员将客人所点的菜品通过输入端按编号输入系统,确认后,后台厨房打印设备立即将客人所点的菜品依据冷菜、热菜和点心分类并打印出两联,一联用于传菜,二联用于厨房出菜,同时收银结账终端会自动生成某台账单。如果要取消菜品,必须由督导管理员授权。

(五) 点酒服务

(1) 征询客人是否可以点酒,可询问:"现在可以为您点酒吗?"

(2) 根据客人的消费要求和消费心理,向客人推荐酒水。

(3) 介绍酒水时要进行适当的描述和解释,根据情况提出合理化建议。

(4) 尽量使用选择性、建议性语言,不可强迫客人接受。

(六) 上菜服务

服务员在提供上菜服务时,应动作迅速、准确到位并注重礼仪。

1. 上菜位置

中餐零点餐厅服务较灵活,服务员上菜时应注意观察,以不打扰客人为原则,严禁从主人和主宾之间上菜。

2. 上菜时机

冷菜应尽快送上，冷菜吃到剩1/3～1/2时上热菜。上菜要求有节奏，一道一道依次上桌。小桌客人点的菜品道数少，一般在20分钟内上完；大桌客人点的菜品道数多，一般在30分钟内上完，也可以根据客人的需求灵活安排上菜时间。

3. 上菜顺序

上菜顺序原则上根据地方习惯来安排。例如，有些地区的上菜顺序是先上冷菜、后上热菜，热菜先上海鲜、名贵菜肴，再上肉类、禽类、整形鱼、蔬菜、汤、面、饭、点心、甜菜，最后上水果；有些地区的上菜顺序是先上冷菜，再上汤，然后上其他热菜。

4. 上菜要领

(1) 仔细核对台号、菜品名和分量，避免上错菜。

(2) 整理台面，留出空间，如果菜品已经摆满桌，可以大盘换小盘、拼盘或帮助客人分派菜品。

(3) 先上调味品，再用双手将菜品端上。

(4) 上菜时应报菜名，如上特色菜应进行简单介绍。

(5) 如果是大圆桌，应将刚上的菜品用转盘转至主宾面前。

(6) 餐桌上严禁盘子叠盘子，应随时撤去空菜盘，保持台面美观。

(7) 应先从主宾右侧上菜，依次按顺时针方向绕台进行。

(七) 分菜服务

上菜时，如遇不方便客人取用的汤、炒饭、炒面以及整形鸡、鸭和鱼类等菜品，应用分菜叉或分菜勺帮助客人分派和剔骨。

(八) 席间服务

注意客人进餐情况，勤巡视每桌客人台面，服务员的工作应做在客人开口之前。

(1) 如发现烟灰缸里有烟蒂或杂物，应马上更换。

(2) 随时添加酒水、推销饮料。

(3) 撤去空盘、空饮料瓶，整理台面，保持台面清洁、美观。

(4) 客人席间离座，应上前帮助拉椅、撤餐巾，回座时再帮助拉椅、递餐巾。

(5) 客人停筷后，主动询问是否需要水果、甜品，并询问客人是否需要将剩余的菜品打包带走，如客人有需要，迅速按规范帮助客人打包。

(九) 结账服务

现金结账适用于零点客人和团队客人；支票结账适用于大企业的长期包餐或大型宴会、旅游团队用餐；信用卡结账适用于零点客人；签单结账适用于住店客人、与饭店签订合同的单位、饭店高层管理人员及饭店的VIP客人。服务员应了解和掌握各种结账方式，结账时应做到准确、迅速且彬彬有礼。

1. 结账的方式

餐厅结账的方式一般有现金结账、签单结账、信用卡结账和支票结账等。

(1) 现金结账。当客人用餐完毕示意结账时，服务员应立即到收银台取出账单，仔细核对，并用账单夹或收银盘递送账单给客人，应注意不要主动报账单总金额。客人付现金后，应礼貌致谢，并将现金用账单夹或收银盘送到收银台办理结账手续，然后将找回的零钱和发票用收银夹或收银盘送交客人，请客人当面点清，再次致谢。

(2) 签单结账。客人以签单方式结账时，应明确客人的身份，并在签单协议的客户名单中查找相关资料(如具有签单资格者的基本情况等)，核对无误后方可签单，并请客人留下有效联系方式。

(3) 信用卡结账。客人用信用卡结账时，应先明确该信用卡在本餐厅是否能够使用。如能够使用，应查看信用卡的有效使用日期，核对"止付"名单。刷卡结账后应附上分项账单，请持卡人检查、核对和签名。服务员要核对客人签名与卡上签名是否一致，确认无误后将信用卡送还给客人。

(4) 支票结账。客人用支票结账时，服务员要先仔细查看支票上的各项内容(如印鉴、到期日、金额等)，然后请客人出示有效身份证件，核对无误后方可接受。

2. 结账时应注意的问题

(1) 服务员一般不要催促客人结账，结账应由客人主动提出，以免产生赶客人离开的误会。

(2) 散客结账时，应分清由谁付款，避免客人对饭店产生不满。

(3) 结账时经常出现客人对账单有疑问的情况，这时服务员一定要态度良好，认真核对，认真解释，不要与客人发生冲突，要讲究策略。

(4) 结账时要注意避免出现跑账或跑单的情况。

(5) 千万不要在客人结账后就停止为其服务，或马上去撤台收拾，而应满足客人的要求，继续为其热情服务，直至客人离去。

(十) 送客结束工作

1. 热情送客

热情送客是礼貌服务的具体表现，送客时服务员的态度和表现直接反映了酒店接待工作的等级、标准和规范程度。因此，在送客服务中，服务员应做到礼貌、耐心、周全，使客人满意。

(1) 客人用餐完毕起身时，应为其拉椅。客人离座后，应将其送至餐厅门口，提醒客人带好随身物品。如果客人行动不便，应在征得其同意后上前搀扶。送别客人时，应礼貌地向客人道谢，表示欢迎客人再次光临。

(2) 注意观察出入餐厅的客人，不要对没用完餐离开座位的客人道别，不要催促客人离开，以免引起客人误会。

(3) 送客服务用语要规范、简洁。

2. 收尾工作

(1) 客人离去后，应及时撤台，对就餐区域进行清扫。

(2) 检查是否有客人遗留物品，遵照餐厅有关规定处理。

(3) 撤台时按布件类(餐巾、香巾)、玻璃器皿类、瓷器类及其他类的顺序分类收拾。

(4) 按照规范撤去台布，重新布置台面，摆齐桌椅，整理工作柜，补充物品。

任务实施

(一) 迎宾引领

目标：熟练掌握中餐迎宾引领服务技能。

方法：2人一组，合作完成任务，一人扮演迎宾员，另一人扮演客人，从客人进入餐厅开始，询问客人预订情况。

工具：餐桌、餐巾、桌布及全套中餐餐具。

场地：实训室。

评估：由实训教师和小组成员共同根据实际情况，在表4-1中打分。

表4-1 餐饮服务——中餐服务技能考核表

学生姓名： 考核时间：

考核内容		考核评价	
学习目标	评价项目	小组评价	教师评价
专业知识(40分)	迎宾要领(20分)		
	引领要领(20分)		
专业能力(20分)	正确提供迎宾服务(20分)		
职业态度(20分)	仪容仪表(10分)		
	热情主动(5分)		

项目四 餐饮服务

(续表)

考核内容		考核评价	
学习目标	评价项目	小组评价	教师评价
职业态度(20分)	细致周到(5分)		
通用能力(20分)	沟通能力(10分)		
	解决问题的能力(10分)		
反思与探究： 从实施过程和评价结果两方面进行反思，分析存在的问题，寻求解决办法		评价汇总： 优：80分以上 良：70～80分 中：60～70分 差：60分以下	

(二) 中餐点菜

目标：熟练掌握中餐点菜服务技能。

方法：10人一组，合作完成任务。

要求：随着科技的不断进步，现在的点菜单已不再局限于纸质菜单，菜单形式很多，因此各组应采用不同形式的菜单模拟点菜流程。

工具：餐桌、餐巾、桌布及全套中餐餐具。

场地：实训室。

评估：由实训教师和小组成员共同根据实际情况，在表4-2中打分。

表4-2　餐饮服务——点菜服务技能考核表

学生姓名：　　　　　　　　　　　　　　　　　　　　　　　考核时间：

考核内容		考核评价	
学习目标	评价项目	小组评价	教师评价
专业知识(50分)	点菜前的准备工作(15分)		
	点菜步骤(15分)		
	点菜流程(20分)		
专业能力(10分)	能进行特殊菜品推销(20分)		
职业态度(20分)	仪容仪表(10分)		
	热情主动(5分)		
	细致周到(5分)		
通用能力(20分)	沟通能力(10分)		
	解决问题的能力(10分)		
反思与探究： 从实施过程和评价结果两方面进行反思，分析存在的问题，寻求解决办法		评价汇总： 优：80分以上 良：70～80分 中：60～70分 差：60分以下	

(三) 上菜服务

目标： 熟练掌握中餐上菜服务技能。
方法： 10人一组，合作完成任务，要求各组模拟上菜流程。
工具： 餐桌、餐巾、桌布及全套中餐餐具。
场地： 实训室
评估： 由老师和小组成员共同根据实际情况在表4-3中打分。

表4-3　餐饮服务——上菜服务技能考核表

学生姓名：　　　　　　　　　　　　　　　　　　　考核时间：

考核内容		考核评价	
学习目标	评价项目	小组评价	教师评价
专业知识(40分)	上菜的原则(20分)		
	上菜的位置(20分)		
专业能力(20分)	正确上菜(20分)		
职业态度(20分)	仪容仪表(10分)		
	热情主动(10分)		
通用能力(20分)	沟通能力(10分)		
	解决问题的能力(10分)		
反思与探究： 从实施过程和评价结果两方面进行反思，分析存在的问题，寻求解决办法		评价汇总： 优：80分以上 良：70～80分 中：60～70分 差：60分以下	

知识链接——团体包餐

一、团体包餐服务注意事项

与零点服务相比，团体包餐具有用餐人数固定、用餐标准固定、开餐桌数固定、开餐时间统一、菜品统一、用餐速度较快、就餐客人易形成统一意见、容易配合服务工作等特点。团体包餐一般10人一桌，座位无主次之分，服务员在餐前工作中应做到"六掌握"。

(1) 掌握包餐标准。服务员在开餐前要了解团体包餐的标准，了解货源情况，合理安排菜品，尽量做到菜品不重样，确保客人进餐后感到舒适味美。

(2) 掌握就餐人数。团体包餐的人数较为固定，服务员应按包餐人数提供大小适当的就餐空间，同时安排好就餐所需桌椅及各种餐饮用具。

(3) 掌握就餐方位。服务员在开餐前一定要落实每一个包餐团体的用餐方位，做到心中有数。餐厅规模有大有小，团体包餐人数有多有少，如果一个餐厅同时接待几个包餐团体，一定要按照事先安排好的方位将每一个包餐团体引领到其座位上，以避免出现坐错位置的情况。

(4) 掌握包餐时间。一方面便于准时开餐，另一方面便于服务员在规定的时间内提供各项服务并能合理安排各项工作，提高工作效率。

(5) 掌握包餐性质。了解包餐客人的国籍、身份、民族及宗教信仰，确保餐间服务准确无误。

(6) 掌握包餐客人的特殊需要。在包餐过程中难免会有一些客人需要特殊照顾，服务员应灵活服务。例如，对身体不舒服的客人，服务员应及时让厨房另做病号饭；对因故不能准时来餐厅就餐的客人，服务员应安排留餐。

二、"吃早茶"的茶水服务

早茶服务分三步，即点茶、斟茶和加水。点茶后，根据客人的人数为客人冲茶，6位客人以下冲一壶茶，7位客人以上冲两壶茶，注意冲茶的水温。斟茶时，注意先宾后主、女士优先。具体操作时，一手持壶柄，一手扶壶盖，斟茶至茶杯容量的4/5；壶嘴朝外，不要对着客人；礼貌请客人用茶。如果有两壶茶，应将两个茶壶对称摆放在餐桌上。当壶内的水只剩下1/3时，要及时为客人添加热水；如果发现茶水淡了，要主动询问客人是否需要更换茶叶；如客人需要更换茶叶，应满足客人要求。

三、不同客人的饮食需求

例如，日本客人喜食麻婆豆腐、水鱼、榨菜银芽炒肉丝、刺身类菜肴、河豚、蘑菇和汤面等；美国客人偏爱鲜嫩、清淡、爽口和咸中带甜的菜品，如菠萝咕咾肉和拔丝苹果等；印度客人不食牛肉，偏爱食素；非洲客人喜食猪肉、牛肉和鸡肉等，不喜爱海鲜；欧洲客人一般不食动物内脏、狗肉、鸽子肉和蛇肉等。伊斯兰教徒戒猪肉，佛教徒只吃素食。节食的客人喜食低热量、低脂肪的食品。

西餐服务之俄式服务（中文）

西餐服务之俄式服务（英文）

西餐服务之俄式服务（泰文）

课堂笔记

学习心得

课外拓展

任务二　西餐零点服务

一、西餐早餐服务

（一）西餐早餐的分类

西餐早餐一般分为英式早餐和欧陆式早餐。

西餐服务之
法式服务
(中文)

西餐服务之
法式服务
(英文)

西餐服务之
法式服务
(泰文)

课堂笔记

学习心得

课外拓展

1. 英式早餐

英式早餐品种丰富，供客人零点时自由选择，主要有咖啡、茶、可可，各种果汁、蔬菜汁，各式面包配黄油或果酱，冷或热的谷物，蛋类，火腿、香肠和腌肉等肉类。

2. 欧陆式早餐

欧陆式早餐也称大陆式早餐，品种较为单一，主要有咖啡、茶、可可，果汁、蔬菜汁，面包配黄油或果酱。

综上所述，英式早餐有蛋有肉，而欧陆式早餐无蛋无肉。

(二) 咖啡厅早餐服务程序

(1) 迎宾员站在餐厅门口，面带笑容等待客人的光临。见到客人时要问好，并行30°鞠躬，在客人前方带路，引导客人入座。

(2) 引领客人到餐桌前并询问客人对餐桌位置是否满意。

(3) 客人同意使用这张餐桌后，迎宾员为客人拉椅、引导客人就座，打开餐巾。这时应有一位服务员协助迎宾员负责这项工作。

(4) 迎宾员安排客人入座后，服务员要呈递菜单，准备为客人点菜。

(5) 服务员问清客人需要何种饮料，如客人不需要饮料则为客人倒冰水，还要问清客人是否需要先饮咖啡或茶。

(6) 迅速摆上鲜奶油，手持咖啡壶在客人右边斟倒咖啡，斟倒八成满即可。

(7) 服务员迅速把咖啡壶放回备餐间，立即回来为客人点菜。点菜时服务员应站在客人的右边，按照先女士、后男士的顺序进行。当客人点菜时，服务员要细心听，记录客人所点的菜品。反应要迅速，如有不清楚的地方，及时向客人询问。当客人点菜完毕，要向客人复述一遍，以避免错漏。

(8) 服务员迅速记录客人所点的菜品，请收银员盖章后，将点菜单一联交收款处准备账单，将二联迅速送入厨房。服务员要与厨师配合，注意上菜节奏，不要太快，也不要太慢。

(9) 按菜式准备用具、配料，如为面包配果酱、黄油，为麦糊配鲜奶、细糖、精盐等。

(10) 先上谷类食品，再上蛋类吐司。

(11) 检查是否需要收餐具、添咖啡。客人用完餐后，服务员应立即上前询问客人是否可以收餐具。如果客人同意，应从客人的右侧用右手将餐具撤走。在撤餐具过程中要注意安全，轻拿轻放，同时可征求客人对菜式的意见，这样可转移客人对撤餐具的注意力。

(12) 餐具收完后，需检查台面，看看是否需要更换烟灰缸、加咖啡等。如客人没有其他需要，就准备好账单。如果客人未提出结账，不可催促，而应问清客人还需要什么服务。待客人提出结账时，用账单夹将账单夹好，双手呈上，账单夹应放在客人的右侧。结账时要轻声告诉客人钱数，并向客人表示感谢。

(13) 客人如要签账单，应询问客人是否持有酒店信用卡。结账时，要特别注意礼貌礼节。

(14) 客人结账后，服务员应留意客人是否要离座。客人离座时，服务员应上前拉椅，同时检查客人是否遗留物品，如有应及时送还客人。还要对客人的光临表示感谢，并表示希望他们再来。

(15) 清理台面，重新摆位，准备迎接下一批客人。

二、西餐正餐服务

(一) 餐前准备工作

(1) 保持餐厅整洁卫生，台椅摆放整齐，按照摆台标准摆好餐台。

(2) 准备好干净的调酒器、咖啡炉具以及各种水杯、酒杯、餐具、银器、酱料；准备好各种酒、其他饮料和冰水。

(3) 检查音响、照明、空气调节器及其他设备，确保其运转正常。

(4) 熟悉当天的特色菜品。

(二) 电话订餐服务

(1) 在电话铃响3次以内接听。

(2) 如果对方无反应，用中文问好："女士(先生)您好，您要订餐吗？"

(3) 接受订餐时，必须问清客人的姓名、订餐人数、选择吸烟区还是非吸烟区、就餐时间及房间号码。如果客人有特殊要求(如选择靠窗位置、需要特殊菜式、需要生日蛋糕等)，要认真记录，并填写"餐位预订登记表"。

(三) 餐前会

开餐前半小时，每个服务员都要参加由餐厅经理(主管)主持的餐前会。会上由餐厅经理(主管)宣布任务分工，介绍当日特别菜品及推销服务内容，让员工了解当日客情、VIP接待注意事项，并讲解本餐厅典型事例的分析及处理。餐厅经理(主管)还负责检查员工仪容仪表。服务员接受任务后，回到各自岗位，做好开餐准备工作。

(四) 迎宾服务

(1) 客人来到餐厅，迎宾员应面带微笑，主动上前问好，例如："晚上好，请问您是否已订座？"

(2) 如果客人已订座，迎宾员应热情地引客人入座。如果客人没有订座，餐厅已满座或者餐台还没有收拾好，迎宾员应安排客人到等候区等候，并推销饮品。

(3) 迎宾员领客人入座，与服务员合作帮助客人拉椅子。

(五) 席间服务

(1) 客人入座后，迎宾员即可回到迎宾岗位。看台服务员向客人问好，为客人打开餐巾，斟倒冰水(有时放一小片柠檬)。侍酒员或餐厅领班向客人推销并介绍饮品，询问客人的喜好。

(2) 推销完饮品后，餐厅领班从客人的右侧递送菜单，介绍当日餐厅的特色菜品，并从客人的右侧为客人点菜，按照先女士、后男士的顺序进行。在点菜过程中，要复述客人所点菜品的名称和数量。

客人点菜时，领班或服务员应注意以下事项。客人如点牛排，问清生熟程度。按照惯例，牛排生熟程度分为全熟、七成熟、五成熟、三成熟和一成熟。客人点色拉时，问清配何种色拉汁，如油醋汁、法式汁、千岛汁等。在客人面前制作凯撒色拉时，要将装有各种调料的盆子端给客人看，征询客人是否要放全每种调料。

(3) 酒水员在客人的右侧上餐前饮品，并介绍饮品的名称。服务员从客人的左侧上黄油，将其放在面包碟上方，并将面包篮放在客人左手边的适当位置；然后根据领班记录的点菜单摆上适当的餐具，根据需要准备烹调车、服务用具、调味品、用料等。

(4) 酒水员从客人的右侧递上酒单，并根据客人所点的菜品主动介绍和推销佐餐酒(各种白葡萄酒和红葡萄酒)。在客人确认所点的酒水后，酒水员应认真填写"餐厅酒水预订单"。该单据一式三联，一联交收银台以备结账，二联送到吧台取酒水，三联自留备查。

(5) 从客人的右侧上红、白葡萄酒。如客人已订座，则在客人抵达之前摆上红、白葡萄酒杯。将红葡萄酒置于酒架上或酒篮中，将白葡萄酒放入冰桶冰镇，并附带一条餐巾。为客人服务葡萄酒时，先将酒拿到餐桌边，向客人展示葡萄酒的标签，待客人认可后再开启葡萄酒瓶，并用餐巾抹干净瓶口，可将瓶塞留给客人鉴赏。

(6) 斟少许葡萄酒给主人品尝，待主人认可后，再给其他客人斟酒。斟酒时，酒液不得超过酒杯的2/3，按逆时针方向斟酒，先女士、后男士。斟完酒后，将红葡萄酒瓶连酒架或酒篮一起放在桌面适当的位置，酒瓶上的标签朝向主人；将白葡萄酒瓶放回冰桶冷藏，将冰桶放在桌子旁边适当的位置。

(7) 依次上开胃菜、汤、色拉、主菜、甜品。上菜时重复客人所点的菜品名，同时揭开所有主菜的盘盖。

(8) 客人酒杯里的酒少于1/3时，要及时斟酒。如酒瓶已空，要出示给客人看并主动推销葡萄酒。待主人认可后，方可将空酒瓶或酒具拿走。勤向杯里斟冰水，水杯里的水不能少于杯容量的1/3。客人吃面包时，当黄油盅里的黄油少于盅容量的1/3时，应当添黄油。当烟灰缸内有两个以上的烟头或烟灰缸内有许多杂物时，应当更换烟灰缸。收拾饮品杯时，可推销其他饮品。客人用完每道菜品后，应撤去用过的餐具并斟倒酒水。

(9) 撤餐具时，对于放在客人左侧的餐具应从客人的左侧撤下，对于放在客人右侧的餐具应从右侧撤下。不可当着客人的面清理盘内剩菜，或将盘子在餐桌上垒起撤走。在撤下主菜盘上甜品和水果前，应先用一块叠好的干净餐巾把掉落在桌子上的菜和面包屑等扫进一个小盘里，同餐桌上用过的餐具一并撤下，保留水杯、饮料杯、烟灰缸、花瓶、蜡烛等，以保持桌面整洁。

(10) 有时客人没有一次将菜品点齐，通常点到主菜为止，再根据用餐情况点甜品。这时服务员应当主动向客人推销甜品，适时推上甜品车或从客人的右侧递上甜品单，并推荐时令水果、雪糕、奶酪、各式蛋糕、特式咖啡、茶等。客人点完甜品后，应根据客人点的甜品摆上相应的餐具。从客人的右侧送上甜品，摆在餐位的正中心，同时报上甜品的名称，礼貌地请客人享用。客人用完甜品后，留下酒水杯，将其他餐具撤下。

(六) 上菜服务

(1) 在客人的右侧上菜。
(2) 从客人左侧送上配料酱汁、柠檬、面包片、胡椒瓶等。
(3) 上菜时，重复客人所点的菜品名称。
(4) 将每道菜的观赏面朝向客人。
(5) 上菜完毕后再一起揭开菜盖，并请客人慢用。

(七) 巡台服务

(1) 酒杯里的酒不能少于杯容量的1/3，如酒瓶已空，应展示给主人看，待主人认可后方可将空瓶拿走。
(2) 当水杯里的水少于杯容量的1/3时，需要添加。
(3) 如客人还在吃面包，而黄油碟里的黄油已少于1/3时，可添加。
(4) 根据客人需要及时添加面包。
(5) 如在席间发现烟灰缸里的烟头超过两个，或者有其他杂物，应及时更换。
(6) 撤空饮品杯，并推销其他饮品。

(八) 结账服务

(1) 当客人用完主菜后，餐厅领班应主动上前询问客人对菜品和服务质量的评价。

(2) 全部菜品上完后,服务员准备好账单,待客人用餐完毕要求结账时,问清付款方式,及时送上账单,在此之前领班要检查账单是否正确。账单用账单夹夹好,从主人的右侧递上,此时不需读出金额总数。

(3) 结账后,应向客人表示感谢。

(九) 送客服务

(1) 当客人准备起身离开时,应为客人拉开椅子,迅速检查客人是否有遗留物品。

(2) 将客人送出餐厅门外,向客人道别并欢迎其再次光临。

(3) 送走客人后,服务员使用托盘,按照撤台标准程序清理台面。

(4) 将餐椅摆放整齐,更换台布,重新摆台。

任务实施

目标:掌握西餐早餐摆台服务、西餐厅迎宾服务以及西餐点菜服务的流程和方法。

要求:餐具摆放位置准确,流程正确,操作规范,符合卫生要求;注重仪容仪表,姿态优雅,保持微笑,操作手势正确;能提供合理建议,能及时处理特殊情况。

方法:10人一组,由教师示范,然后每人分别进行实际操作。

工具:餐桌、餐巾、桌布及全套西餐餐具。

场地:实训室。

评估:由实训教师和小组成员共同根据实际情况,在表4-4中打分。

表4-4 餐饮服务——西餐早餐服务技能考核表

学生姓名: 考核时间:

考核内容		考核评价	
学习目标	评价项目	小组评价	教师评价
专业知识 (20分)	能说出西餐早餐的服务程序(10分)		
	能说出西餐午、晚餐的服务程序(10分)		
专业能力 (50分)	能按流程进行西餐厅餐前准备工作(10)		
	能提供西餐点菜服务(20分)		
	能提供西餐结账服务(20分)		
职业态度 (20分)	仪容仪表(6分)		
	热情主动(7分)		
	细致周到(7分)		

(续表)

考核内容		考核评价	
学习目标	评价项目	小组评价	教师评价
通用能力(10分)	沟通能力(5分)		
	解决问题的能力(5分)		
反思与探究： 从实施过程和评价结果两方面进行反思，分析存在的问题，寻求解决办法		评价汇总： 优：80分以上 良：70～80分 中：60～70分 差：60分以下	

任务三　中餐宴会服务

一、宴前会

宴前会由经理召开，主要内容是强调宴会注意事项，检查员工仪容仪表，对宴会准备工作、宴会服务和宴会结束工作进行分工。

对于规模较大的宴会，要确定总指挥。在人员分工方面，根据宴会要求，对迎宾、传菜、酒水供应、衣帽服务及贵宾服务等相关岗位进行具体分工，要求所有人员都有具体任务，将责任落实到人，做好人力、物力的充分准备，保证宴会善始善终。

大型隆重的宴会活动，通常对宴会气氛有要求，而且服务程序复杂，为了保证活动万无一失，一般会在宴会开始前进行彩排。宴会常采用干冰、焰火或蜡烛等来烘托气氛。例如，上第一道菜时，服务员列队进场，在菜盘中间点燃焰火，同时将宴会厅灯光熄灭，伴以节奏感强烈的乐曲；等服务员走到相应位置后，打开宴会厅灯光，服务员全体向客人鞠躬，再提供菜品服务。又如，服务香槟时，在酒桶内放入干冰营造气氛，服务员列队入场，伴以风格适合的乐曲。

二、宴会前迎宾

(一) 宴前鸡尾酒会

大型隆重的宴会活动通常需要餐厅为先行到达的客人提供餐前鸡尾酒服务。酒会可安排在大宴会厅接待区，由服务员托送餐前开胃酒和开胃小食品，不设座位，客人之间可以随意走动交流。

宴会预订服务(中文)

宴会预订服务(英文)

宴会预订服务(泰文)

迎宾领位服务(中文)

迎宾领位服务(英文)

课堂笔记

学习心得

课外拓展

迎宾领位
服务(泰文)

入席服务
(中文)

入席服务
(英文)

入席服务
(泰文)

点菜服务
(中文)

课堂笔记

学习心得

课外拓展

（二）迎宾

在宴会开始前，主管人员和迎宾员应提前到宴会厅门口迎接客人，值台服务员站在各自负责的餐桌旁准备服务。客人到达时，要热情迎接，微笑问好，将客人引入休息室就座休息。回答客人问题和引领客人时使用敬语，做到热情周到、语言亲切。

三、宴会就餐服务

（一）入席服务

（1）当客人来到席位前时，值台服务员要面带微笑，拉椅帮助客人入座，顺序为先宾后主、先女后男。

（2）待客人坐定后，帮助客人打开餐巾、拆开筷套，拿走台号、席位卡、花瓶或花插，撤去冷菜的保鲜膜。

（二）斟酒服务

（1）为客人斟酒水时，要先征求客人意见，根据客人的要求斟倒酒水。从主宾开始先斟葡萄酒，再斟烈性酒，最后斟饮料；葡萄酒斟七分满，烈性酒和饮料斟八分满。在大型宴会上，为了保证宾主致辞和祝酒的顺利进行，可以提前斟倒酒水。

（2）客人互相敬酒时，服务员应迅速拿酒瓶到台前准备添酒。

（3）主人和主宾讲话前，服务员要注意观察客人杯中的酒水是否已准备好。

（4）在宾主离席讲话时，服务员应提前备好酒杯、斟好酒水，按规范在致辞客人身旁侍立，随时准备为客人提供祝酒服务。

（三）菜品服务

根据宴会的标准、规格，以及宴会上菜和分菜的规范提供菜品服务。

（1）服务员一般要侧对着主人或主宾上菜，也可在副主人右侧上菜，这样有利于翻译和副主人向来宾介绍菜品口味、名称，严禁从主人和主宾之间或从相邻来宾之间上菜。

（2）在宴会开始前将冷盘端上餐桌，等客人将冷盘用到一半时，开始上热菜。服务员应注意观察客人进餐情况，并控制上菜节奏。

（3）严格按照席面菜单的顺序上菜。

（4）上菜手法利索，保证卫生，菜品分量均匀，配好佐料。

（四）席间服务

宴会进行中，服务员要勤巡视、勤斟酒，细心观察客人的表情，及时响应客人需求，主动为其提供服务。

(1) 保持转盘整洁。

(2) 客人席间离座，应主动帮助拉椅、整理餐巾，待客人回座时应重新拉椅、递铺餐巾。

(3) 客人席间站起祝酒时，服务员应立即上前将椅子向外稍拉，客人坐下时将椅子向里稍推，以方便客人站立和入座。

(4) 上甜品、水果前，送上相应的餐具和小毛巾，及时撤下除酒杯、茶杯和牙签以外的全部餐具，擦净转盘，服务甜点和水果。

(5) 客人用完水果后，撤下水果盘并摆上鲜花，以示宴会结束。

(五) 送客服务

(1) 上菜完毕后，即可做结账准备。清点所有酒水、香烟等，包括宴会菜单以外的加菜费用并累计总数。客人示意结账后，按规定办理结账手续，注意向客人致谢。大型宴会结账工作一般由管理人员负责。

(2) 主人宣布宴会结束时，服务员要提醒客人带齐自己的物品。当客人起身离座时，服务员应主动为客人拉椅，以方便客人离席行走。视具体情况决定是否列队欢送，或送客人至门口，或目送客人。衣帽间服务员应根据取衣牌号码，及时、准确地将衣帽交还客人。

四、宴会结束工作

大型宴会的结束工作与准备工作同样重要，要求按分工和规范进行，以提高效率、降低损耗。

(1) 在客人离席时，服务员要检查台面上是否有烟头，有无客人遗留的物品。

(2) 在客人全部离去后，立即清理台面。先整理椅子，收餐巾和小毛巾，再按规范清理餐具用品，送往后台分类摆放。

(3) 当场清点贵重物品。

(4) 收尾工作结束后，领班要做检查。

(5) 一般大型宴会结束后，主管要召开总结会。

(6) 完成全部收尾工作并检查无误后，工作人员方可离开。

任务实施

目标：掌握撤换餐具以及分整形菜肴服务的流程和方法。

要求：灵活运用多种西餐宴会服务方式，流程正确，动作规范；服务头盆、主菜、甜品流程正确，动作规范，体现服务礼仪。

点菜服务（英文）

点菜服务（泰文）

上菜和分菜服务(中文)

上菜和分菜服务(英文)

上菜和分菜服务(泰文)

课堂笔记

学习心得

课外拓展

撤换餐具服务(中文)

撤换餐具服务(英文)

撤换餐具服务(泰文)

结账服务(中文)

结账服务(英文)

课堂笔记

学习心得

课外拓展

方法：10人一组，由教师示范，然后每人分别进行实际操作。

工具：餐桌、餐巾、桌布及全套中餐宴会餐具。

场地：实训室。

评估：由实训教师和小组成员共同根据实际情况，在表4-5中打分。

表4-5 餐饮服务——中餐服务技能考核表

学生姓名： 考核时间：

考核内容		考核评价	
学习目标	评价项目	小组评价	教师评价
专业知识(60分)	宴前准备工作(10分)		
	宴会迎宾工作(10分)		
	入席服务的要求(10分)		
	斟酒服务的要求(10)		
	上菜分菜的要求(10分)		
	撤换餐用具的要求(10分)		
专业能力(10分)	能正确提供宴会就餐服务(10分)		
职业态度(20分)	仪容仪表(6分)		
	热情主动(7分)		
	细致周到(7分)		
通用能力(10分)	沟通能力(5分)		
	解决问题的能力(5分)		
反思与探究： 从实施过程和评价结果两方面进行反思，分析存在的问题，寻求解决办法		评价汇总： 优：80分以上 良：70～80分 中：60～70分 差：60分以下	

知识链接——中餐宴会分菜服务方式

一、转盘式分菜服务

(1) 提前将与客人人数相等的餐碟按顺序摆放在转台上，并将分菜用具放在相应位置。核对菜名，双手将菜品奉上，示菜并报菜名。

(2) 用长柄勺、筷子、分叉、分勺分菜，全部分完后，将分菜用具放在空菜盘里。

(3) 迅速撤身，取托盘，从主宾右侧开始，按顺时针方向绕台进行，撤

项目四 ▶ 餐饮服务

下前一道菜的餐碟后，从转盘上取菜端给客人。

(4) 完成分菜后，将空盘和分菜用具一同撤下。

二、旁桌式分菜服务

(1) 在客人餐桌旁放置一辆服务车或服务桌，准备好干净的餐盘和分菜用具。

(2) 核对菜名，双手将菜品端上餐桌，示菜、报菜名并做介绍，经客人同意后开始分菜。

(3) 菜品分好后，从主宾右侧开始，按顺时针方向送上餐盘。

(4) 在旁桌上分菜时应面对客人，以便客人观赏。

三、分叉、分勺派菜法

(1) 服务员核对菜品，双手将菜品端至转盘上，示菜并报菜名，然后将菜品取下，左手用餐巾托垫菜盘，右手拿分叉、分勺进行分菜。

(2) 从主宾左侧开始，按顺时针方向绕台进行，动作姿势为左腿在前、上身稍微前倾，呼吸均匀。

(3) 分菜时做到一勺准、分量均匀，可以一次性将菜品全部分完，但有些餐厅要求分完菜后盘中略有剩余，并放置在转盘上。

四、各客式分菜服务

此法适用于汤类、羹类、炖品或高档宴会分菜。

(1) 厨房工作人员根据客人人数在厨房将汤、羹、冷菜或热菜等分成一人一份。

(2) 服务员从主宾开始，按顺时针方向从客人右侧送上分好的菜品。

结账服务
（泰文）

送客服务
（中文）

送客服务
（英文）

送客服务
（泰文）

课堂笔记

任务四　西餐宴会服务

一、引领服务

客人到达宴会厅门口时，迎宾员应主动上前表示欢迎，礼貌问候后，将客人引领至休息室，帮助客人解挂衣帽。

二、休息室鸡尾酒服务

客人进入休息室后，休息室服务员应向客人问候，及时向客人送上各式餐前酒，同时做介绍并征求客人意见。如果客人选择坐饮，应先在客人面前

学习心得

课外拓展

个性化服务
(中文)

个性化服务
(英文)

个性化服务
(泰文)

课堂笔记

学习心得

课外拓展

的茶几上放上杯垫,再上酒水;如果客人选择立饮,应先向客人提供餐巾纸,然后递上酒水;如果客人需要鸡尾酒,应将客人引至吧台前,由调酒师根据客人要求现场调制,或先请客人入座,再去吧台将客人所需鸡尾酒托送至客人面前。

在客人饮酒时,休息室服务员应托送果仁、虾条等佐酒小食品,巡回向客人提供。休息室服务时长一般为半小时。当客人到齐、主人示意可以入席时,服务员应及时引领客人至宴会厅。

三、拉椅让座

当客人到达服务区域时,值台员应主动上前表示欢迎并问好,然后按先女后男、先宾后主的顺序为客人拉椅让座(方法与中餐宴会相同),点燃蜡烛以示欢迎。待客人坐下后,为客人铺餐巾,斟倒冰水,分派黄油和面包。

四、服务头盘

根据头盘菜品为客人斟酒,再上头盘。如果是冷头盘,可在宴会前10分钟先上好。当客人用完头盘后,应从客人右侧撤盘,撤盘时应将头盘刀、叉一起撤下。

五、服务汤

服务汤时应加垫盘,从客人右侧送上。喝汤时一般不喝酒,但如果安排了酒类,则应先斟酒,再上汤。当客人用完汤后,从客人右侧将汤勺、汤盘一起撤下。

六、服务鱼类菜肴

如果客人在主菜前多用一道鱼类菜肴,可以先为客人斟倒配头盘的白葡萄酒,再从客人右侧上鱼类菜肴。当客人吃完鱼类菜肴后,应从客人右侧撤下鱼盘及刀、叉。

七、服务主菜

主菜大多是肉类菜肴,一般盛放在大菜盘中,通常配有蔬菜、沙司、沙拉,由值台员为客人分派。上菜前,应先斟好红葡萄酒(斟酒方法与西餐正餐服务相同),并视情况为客人补充面包和黄油。

西餐宴会肉类菜肴的服务程序与西餐零点服务大致相同,区别在于西餐宴会采用俄式服务,从客人左侧分派主菜和蔬菜。

八、服务甜点

待客人用完主菜后，值台员应及时撤下主菜盘、刀、叉、沙拉盘、黄油碟、面包盘和黄油刀，摆上干净的点心盘，然后托送奶酪及配食的饼干等到客人面前。待客人选定后，用服务叉、勺，从客人左侧分派。上奶酪前应先斟酒。此时，客人可继续饮用配主菜的酒类，也可饮用甜葡萄酒或波特酒。

客人用过奶酪后开始上甜品，此时一般安排宾主致辞。因此，值台员在撤下吃奶酪的餐具后，应先为客人斟好香槟酒或有汽葡萄酒，摆上甜品餐具，然后上甜品。服务员一定要在宾主致辞前斟好香槟酒或有汽葡萄酒，以便客人举杯祝酒。

上水果前应撤下桌面上除酒杯以外的所有餐具，摆好餐盘和水果刀、叉，再托着水果盘从客人左侧分派水果。然后，从客人左侧上洗手盅，盅内盛温水，可放一片柠檬和数片花瓣。

九、服务咖啡、茶和餐后酒

当主人请客人去休息室休息时，值台员应主动拉椅，引领客人去休息室入座。

待客人坐下后，休息室服务员应及时为客人送上咖啡或红茶，并将糖缸和淡奶壶放在茶几上(一般每4人配一套)，服务方法与西餐早餐服务相同。在客人饮咖啡或红茶时，休息室服务员(或调酒师)应向客人推销餐后酒，主要是各种利口酒和白兰地，待客人选定后斟好送上。高级西餐宴会厅通常备有酒水车向客人提供此项服务；如无酒水车，可用托盘提供服务。

当客人享用餐后饮料或餐后酒时，值台员应将汇总的账单呈送给主人或其代表(经办人)，以便办理结账，结账方法与中餐宴会服务相同。

十、送客服务

服务员为客人拉椅、取递衣帽，具体要求与中餐宴会服务相同。

十一、结束工作

结束工作主要有检查、撤台、整理宴会厅与休息室，具体要求与中餐宴会服务相同。

> **任务实施**
>
> **目标**：掌握菜肴服务和西餐宴会就餐服务的流程和方法。
> **要求**：能够根据宴会客人的人数，准确撤换餐具；能够根据分菜流程，对

自助餐服务(中文)

自助餐服务(英文)

自助餐服务(泰文)

课堂笔记

学习心得

课外拓展

整形菜进行分菜。

方法：10人一组，由教师进行示范，然后每人分别进行实际操作。

工具：餐桌、餐巾、桌布及全套西餐宴会餐具。

场地：实训室。

评估：由实训教师和小组成员共同根据实际情况，在表4-6中打分。

表4-6 餐饮服务——西餐宴会服务技能考核表

学生姓名：　　　　　　　　　　　　　　　　　考核时间：

考核内容		考核评价	
学习目标	评价项目	小组评价	教师评价
专业知识(30分)	了解西餐宴会的上菜顺序(10分)		
	了解西餐宴会的服务流程(10分)		
	了解西餐宴会服务的注意事项(10分)		
专业能力(30分)	完成西餐宴会餐前准备工作(10分)		
	熟练掌握4种西餐服务方式(10分)		
	准确提供西餐宴会服务(10分)		
职业态度(20分)	仪容仪表(6分)		
	热情主动(7分)		
	细致周到(7分)		
通用能力(20分)	沟通能力(10分)		
	解决问题的能力(10分)		
反思与探究： 从实施过程和评价结果两方面进行反思，分析存在的问题，寻求解决办法		**评价汇总**： 优：80分以上 良：70～80分 中：60～70分 差：60分以下	
纠正与完善： 根据反思与探究中寻求到的解决问题的办法，进一步熟练西餐宴会服务流程			

酒吧服务之酒水准备与开瓶(中文)

酒吧服务之酒水准备与开瓶(英文)

酒吧服务之酒水准备与开瓶(泰文)

课堂笔记

学习心得

课外拓展

任务五　酒吧服务

一、酒吧服务工作程序

(一)环境准备

1. 前吧的清洁卫生

吧台台面通常由大理石或硬木制成，表面光滑。服务员每天应先用湿布擦抹后再干擦，确保吧台台面光滑洁净如新，必要时喷上蜡光剂。如果吧台台面由不锈钢制成，可先用清洁剂擦洗，然后用洁净的干布擦干。

2. 后吧的清洁卫生

服务员每天应对冷藏箱(柜)外部除尘，定期清洁冷藏箱内部，一般要求每三天清洁一次；也应对酒柜和陈列柜除尘，确保柜中陈列的瓶酒和酒杯等外表清洁无尘。

3. 地面清洁卫生

吧台地面多采用大理石等材料铺设，应用尘推推净地面；每日冲洗干净所铺的橡胶垫；每天为吧台服务区域的地毯吸尘，定期清洗。

4. 酒杯、用具清洁卫生

按卫生防疫的要求清洗酒杯、用具等并消毒，确保无水渍、无缺损。

(二) 安全检查

营业前应仔细检查酒吧的电器设备、安全卫生、物料准备、桌面摆放等有无不妥之处。如有不妥，应及时采取措施纠正。

(三) 服务准备

(1) 整理桌椅，在桌面上摆放花瓶、桌号牌等用品。

(2) 准备托盘、餐巾纸、杯垫、酒水单、点酒单、笔等服务用具。

(3) 酒吧迎宾员和收银员的服务准备要求与餐厅迎宾员和收银员的服务准备要求基本相同。

(四) 对客服务

1. 引领服务

(1) 客人来到酒吧门口，迎宾员应主动上前微笑问候，问清人数后将客人引入酒吧。

(2) 如果是一位客人，可将其引领至吧台前的吧椅上。

(3) 如果是两位以上的客人，可将其引领至小圆(方)桌入座。

(4) 如果客人要等人，可将其引领至能看到门口的小圆(方)桌入座。

(5) 引领客人时应遵从客人的意愿和喜好，不可强行安排座位。

(6) 拉椅让座，待客入座后递上打开的酒水单，并对客人说："请看酒水单。"

(7) 迎宾员与酒吧服务员(或调酒师)交接后，返回引领区域，记录引领的客人人数。

2. 点酒服务

(1) 酒吧服务员(或调酒师)递上酒水单，稍候片刻，询问客人酒水偏好。

酒吧服务之
斟酒服务
（中文）

酒吧服务之
斟酒服务
（英文）

酒吧服务之
斟酒服务
（泰文）

课堂笔记

学习心得

课外拓展

(2) 向客人介绍酒水品种，回答客人有关提问。

(3) 填写点酒单，点酒完毕应复述一遍请客人确认。

(4) 记住每位客人所点酒水，以免送酒时混淆。

(5) 点酒单一式三联，一联留底，其余两联及时分送吧台和收款台。

(6) 对于坐在吧台前吧椅上的客人，可由调酒师负责点酒(也应填写点酒单)。

3. 调酒服务

(1) 调酒师接到点酒单后应及时调酒。正常营业时，一般要求在3分钟内调制好客人所点的酒水；营业高峰时，要求在5分钟内备好酒水。

(2) 调酒姿势要端正，应始终面对客人，去陈列柜取酒时应侧身而不要转身。

(3) 调酒动作应潇洒、自然，平时应勤学多练，以免实际操作时紧张。

(4) 严格按配方要求调制，如果客人所点酒水超出酒水单服务范围，可向客人请教，按客人要求调制。

(5) 调酒时应注意卫生，取用冰块、装饰物等时应使用各种工具，不应用手直接抓取，拿酒杯时应握其底部，不能碰杯口。

(6) 调制好的酒水应尽快倒入杯中。为坐在吧台前的客人斟酒时应倒满一杯，为其他客人斟酒时斟倒八分满即可。

(7) 如一次调制一杯以上的酒水，应将酒杯在吧台上整齐排列，分两三次来回依次倒满，而不应斟满一杯后再斟另一杯(以免浓度不同)。

(8) 随时保持吧台及操作台卫生，应及时将用过的瓶酒放回原处，应及时清洗调酒工具。

(9) 当坐在吧台前的客人杯中酒水不足1/3时，可建议客人再来一杯，以促进销售。

4. 送酒服务

(1) 服务员应将调制好的酒水及时用托盘从客人右侧送上。

(2) 送酒时应先放好杯垫和免费的佐酒小食品，递上纸巾，再上酒，并说："这是您的××，请慢用。"

(3) 巡视自己负责的服务区域，及时撤走桌面的空杯、空瓶(罐)。

(4) 适时向客人推销酒水，以提高酒吧营业收入。如客人喝茶，则应随时添加开水。

(5) 送酒服务过程中应讲究礼仪、注意卫生，取物时轻拿轻放，手指不触及杯口。

(6) 如客人点了整瓶酒，应按示瓶、开瓶、试酒、倒酒的程序提供服务。

5. 结账、送客服务

酒吧结账、送客服务的方法和要求与餐厅相关服务相同。客人结账离开后，应及时清理桌面上的用具，用湿布擦净桌面后重新摆上干净的用具，以便接待下一位(批)客人。

(五) 结束工作

1. 清理酒吧

(1) 做好吧台内外的清洁卫生工作。

(2) 妥善存放剩余的酒水、配料等。

(3) 将用过的杯具等送至工作间清洗、消毒。

(4) 打开窗户通风换气，以消除酒吧内的酒味等异味。

(5) 处理垃圾。

2. 填制表单

(1) 服务员认真、仔细地盘点酒吧所有酒水和配料的现存量，填入酒水记录簿，如实反映当日或当班所售酒水数量。

(2) 收款台应迅速汇总当班或当日的营业收入，填写营业日报表，按要求上交账单、钱款。

(3) 主管填写每日(班)工作报告，如实记录当日(班)营业收入、客人人数、平均消费和特别事件等，以便上级管理人员了解掌握酒吧营业状况。

3. 检查

全面检查酒吧的安全状况，关闭除冷藏柜以外的所有电器开关，关好门窗。

4. 酒水盘存

酒水盘存是酒吧服务员的重要工作，在盘存中要做到严谨、认真。

1) 填写酒水基数

(1) 营业前将酒水基数填写在盘存表上。

(2) 核对盘点酒水数量是否与上一班次实际盘存数量相同。

(3) 检查酒水基数是否与酒吧实际库存数量相同。

(4) 以整瓶酒为一个单位，按标准分量计算已开瓶的烈性酒，啤酒、软饮料以瓶、听、桶为单位填写。

2) 填写申领酒水数量

(1) 填写数量必须与申领单实际数量相同。

(2) 统一以瓶、听、桶等为标准单位。

(3) 填写调拨数量。

(4) 以点酒单为依据填写调入、调出的数量。

3) 统计销售数量

(1) 以酒吧点酒单为依据,统计酒水销售数量。

(2) 填写数量必须与实际统计数量相符。

4) 盘点现存酒水数量

(1) 营业结束后,仔细盘点实际酒水数量。

(2) 将盘点的酒水数量准确填写在酒水盘存表中。

(3) 实际盘存数量应与酒吧库存数量相同,计算公式为

$$实际库存数=基数+申领数+调进数-调出数-销售数$$

二、酒品领用与准备

(一) 填写酒水领料单

(1) 检查昨日或上一班次用剩的奶油、果汁等有无变质。

(2) 根据酒水的现存量、酒吧存货标准和预计消费量确定领料种类及数量。

(3) 填写领料单,送交上级管理人员签字。

(二) 去仓库领料

凭上级签字核准的酒水领料单到仓库领用酒水及其他物品,领料时应核对数量,检查质量。

(三) 存放酒水

从仓库领回酒水后应首先擦净瓶(罐)身,然后按要求分类妥善存放。

(1) 迅速将啤酒、果汁、牛奶等饮料放入冷藏柜冷藏。

(2) 迅速将瓶装酒存入酒柜或放在陈列柜中陈列。陈列瓶酒时应注意4点:一是要分类陈列,如开胃酒、烈性酒、利口酒等应分开摆放;二是要将贵重酒和普通酒分开陈列;三是葡萄酒应横放;四是注意瓶酒之间的距离,根据瓶酒的使用频率来决定其摆放位置。

(3) 将其他用具、物品存放在容易取用的位置上。

三、酒吧为客人存酒

如果客人没有消费完在酒吧购买的白酒,可将其存放于酒店的吧台。这是延伸酒水服务、留住回头客的好办法,但如何为客人存酒呢?

(1) 客人用餐结束时,如果所用白酒有剩余,酒吧服务员应主动提示客人是否留存酒水,可以说:"××先生/女士,您的酒还有剩余,如果您不方便带回,我们可以为您提供存酒服务,您下次来用餐时可以继续饮用,您看可以吗?"原则上不为开瓶的葡萄酒、啤酒、饮料、自带酒提供存酒服务,如有特

殊情况，经部门经理同意后可提供该项服务。

(2) 填写存酒卡，写明姓名、单位、联系电话、厅房名称、酒水名称、剩余量、存放时间、保管期限等，督促酒水员将存酒标签贴在所存酒瓶上并做好签字登记。存酒卡一式两份，客人和酒吧各持一份。

(3) 客人下次来消费时，应主动提示客人饮用存酒。如果经办存酒的服务员不在岗，应在离岗前主动将存酒信息告知当班服务员，以便及时提示客人。

(4) 定期与存酒客人通过电话联系，提醒客人在本店有存酒，促成销售。

任务实施

目标：掌握酒吧服务流程和方法。

要求：学生模拟在酒吧中为客人提供服务的全过程，包括点酒服务、调酒服务、送酒服务、结账及送客服务。完成任务后，需提交酒吧服务报告，报告中应包含模拟过程的详细描述、遇到的问题和解决方法，以及个人或团队的反思与改进意见。

方法：10 人一组，由教师示范，然后每人分别进行实际操作。

工具：不同类型的酒水、酒杯以及其他常用的酒水服务用具。

场地：实训室。

评估：由实训教师和小组成员共同根据实际情况，在表 4-7 中打分。

表 4-7 餐饮服务——酒吧服务技能考核表

学生姓名： 考核时间：

考核内容		考核评价	
学习目标	评价项目	小组评价	教师评价
专业知识 (40分)	服务流程规范性 (20分)		
	服务流程专业性 (20分)		
专业能力 (40分)	酒吧服务流程规范 (40分)		
通用能力 (20分)	沟通能力 (10分)		
	细节处理 (10分)		
反思与探究： 从实施过程和评价结果两方面进行反思，分析存在的问题，寻求解决办法		评价汇总： 优：80 分以上 良：70～80 分 中：60～70 分 差：60 分以下	

任务六　水果拼盘服务

水果切盘服务——橘子、芒果、哈密瓜、西瓜、火龙果

水果切盘服务——芒果、猕猴桃、橙子、菠萝

水果拼盘按口味可归类于甜味菜，按做法可归类于拌菜类，是菜谱里的常见菜。水果拼盘具有造型生动、形态各异、诱人食欲的特点。具体制作水果拼盘时，可根据客人口味习惯进行细节调整。

一、水果拼盘的服务程序

(1) 按照客人人数、客人级别、水果盘的大小来确定水果选用标准，尽可能选用应季水果以及方便客人食用的水果，分量不宜太大，以减少浪费。

(2) 将带皮的水果放在一个水果盘内，将不用剥皮的水果放在另一个盘内，尽可能选用小型水果，以便于客人食用；如选用大型水果，一定要事先切好，并备好牙签供客人取用。

(3) 一个水果盘内的水果不要超过两种，颜色要分开，根蒂向下摆放。将水果盘摆放在两人之间，以便每个人都能方便地吃到水果。如果是大型会议，可在会议室最后一排摆放水果，便于与会者在休会的时候食用。

(4) 备足湿纸巾、抽纸，放置果皮筒。

(5) 如需更换水果盘，应先征得客人同意再撤下旧果盘，并及时补上事先准备好的果盘。

(6) 如客人不需要更换果盘，撤下食用完的果盘即可。

二、拼盘常用水果

拼盘常用的水果有西瓜、翠肉瓜(小玉瓜)、红苹果、加力果、蛇果、青苹果、橙子、菠萝、火龙果、哈密瓜、番茄仔、梨、柑橘、柿子、油桃、水蜜桃、芒果、李子、布林、红提、青提、草莓、山竹、猕猴桃(奇异果)、香蕉、青瓜、胡萝卜、甘蔗、荔枝、龙眼、柚子、木瓜、枇杷、樱桃等。辅料有百合、玫瑰、兰花、太阳花等。

对于荔枝、龙眼、草莓、李子、提子、枇杷、砂糖橘等体积较小的品种，可洗净后直接放入果盘中，主要起点缀作用。

三、水果拼盘摆切方法

果盘服务是酒店宴会接待必须可少的服务环节。精致且符合宴会要求的果盘不仅能让客人感到被尊重，还能缓解客人舟车劳顿的疲劳，烘托宴会的气氛。

(一) 果盘制作的核心要点

1. 选择合适的水果

选择水果时,应考虑水果是否应季、水果外观是否悦目、水果能否代表地方特色,以及水果是否方便客人食用。

2. 水果处理要得当

服务员应仔细清理水果,按水果的特点进行加工,对于不同的水果,应尽可能按统一标准进行切割处理。

3. 注意色彩搭配

制作果盘时,对于主体部分应注意色彩搭配,比如,红配绿、黑配白;再用相近色进行点缀,比如,果盘主体是红色,可以采用橙色、黄色水果来点缀。

4. 造型优美、数量均衡、大小适中

根据果盘样式控制水果数量,果盘直径为19～29厘米。果盘服务的目的是为宴会增色,因此果盘占据桌面的面积不宜过大。

5. 果盘配备物品

提供果盘服务时,除了配备充足的餐巾外,还应配备多于现场人数的牙签或果叉。此外,现场应设置回收一次性废弃物的区域,便于服务员处理果皮等,以保持干净整洁。

6. 果盘摆放数量和位置

如果小型宴会的客人相对而坐,建议每隔4人放一个果盘,中间间隔40～50厘米。如果宴会桌为方桌且宽度为160～170厘米,建议每隔2人放一个果盘。也可根据客人的座位情况来安排,一般放2～3个果盘为佳。

(二) 果盘制作实例

1. 猕猴桃

服务员用刀叉将猕猴桃从果篮中夹出,放在红色砧板上;左手持叉子固定猕猴桃,右手持水果刀将猕猴桃头尾切除;再将猕猴桃竖立,左手持叉子固定猕猴桃,右手从上至下、从左至右对猕猴桃削皮;削皮完成后,将右手的水果刀换成勺子,左右手配合将果皮移至渣盘;将使用过的叉勺换成干净的刀叉,将干净果肉移至白色砧板;右手换刀,将猕猴桃分成分量均匀的半圆切片;右手换干净勺子,将水果切片移至水果盘中,按照要求摆盘;最后取两张厨房用纸将砧板擦拭干净。

(备注:红色砧板用于水果去皮,白色砧板用于加工干净果肉并摆造型,下同)

2. 哈密瓜

服务员从水果篮中取出哈密瓜，放在红色砧板上；选取整个哈密瓜的1/16，将不用的部分放回果篮；右手换刀，将哈密瓜修至齐边，左手用叉子叉住哈密瓜尖头部分，从底部开始对哈密瓜削皮；将果肉和果皮分离后，左手换干净叉子，将哈密瓜果肉移至白色砧板上；换脏刀叉将哈密瓜皮移至渣盘；左手换干净叉子，右手换刀，将哈密瓜分成分量均匀的梯形切片；右手换干净勺子，将水果切片移至水果盘中进行水果摆盘；最后取两张厨房用纸将砧板擦拭干净。

3. 菠萝

由于菠萝的叶子较大并且扎手，在拿取过程中可先使用厨房用纸将菠萝叶包住，用左手拿取，右手拿刀，将菠萝切下两厘米左右，再将剩余的菠萝放回水果篮；左手换叉，叉住菠萝芯旋转，右手持刀分离菠萝皮肉；将菠萝肉移至白色砧板上，左手继续旋转，右手将菠萝芯切除；右手换勺子，将菠萝芯和菠萝皮移至渣盘；左手换干净叉，右手换刀，将菠萝一分为二，竖立对半切开，均匀切片，右手换勺进行摆盘；最后取出两张厨房用纸将砧板擦拭干净。

4. 芒果

服务员用刀叉将芒果从果篮中取出，放在红色砧板上；左手叉住芒果一头使其固定，右手换刀将芒果沿核削一半；将削下来的一半芒果平放在白色砧板上，左手固定不动，右手将芒果边修成长方形；左手持叉固定芒果，右手沿边削皮；换勺子，左右手配合将芒果皮移至渣盘，将边角料移至废料盘；左手换干净叉，右手换刀，将芒果切成大小均匀的小块，右手换勺子进行摆盘；最后取出厨房用纸将砧板擦拭干净。

请同学们对照视频学习果盘制作过程，并进行实践操作。

> **任务实施**

目标：掌握水果拼盘服务流程和方法。

要求：学生模拟为客人提供水果拼盘服务的全过程，能够选用合适的水果，按照流程、菜品特色、宴会要求等提供水果拼盘服务。完成任务后，需提交水果拼盘服务报告，报告中应包含模拟过程的详细描述、遇到的问题和解决方法，以及个人或团队的反思与改进意见。

方法：10人一组，由教师示范，然后每人分别进行实际操作。

工具：时令水果、果盘以及其他常用的工具。

场地：实训室。

评估：由实训教师和小组成员共同根据实际情况，在表4-8中打分。

表 4-8　餐饮服务——水果拼盘服务技能考核表

学生姓名：　　　　　　　　　　　　　　　　　考核时间：

考核内容		考核评价	
学习目标	评价项目	小组评价	教师评价
专业知识 (40分)	服务流程规范性 (20分)		
	服务流程专业性 (20分)		
专业能力 (40分)	水果拼盘服务流程规范 (40分)		
通用能力 (20分)	沟通能力 (10分)		
	细节处理 (10分)		
反思与探究： 从实施过程和评价结果两方面进行反思，分析存在的问题，寻求解决办法		评价汇总： 优：80 分以上 良：70～80 分 中：60～70 分 差：60 分以下	

餐饮服务与数字化运营

学习法宝 思维导图

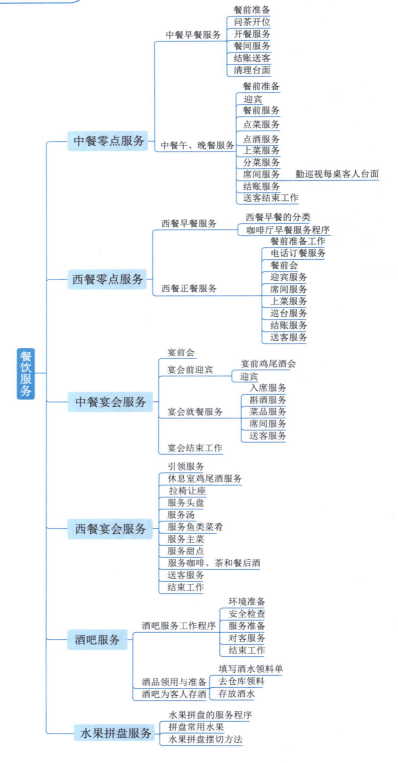

项目四 ▶ 餐饮服务

学习法宝
学习笔记

| 项目 | • 餐饮服务 | 日期 | • |

| 标题 | • |

关键词
1.
2.
3.

笔记内容
1.
2.
3.

备注
1.
2.
3.

学习法宝
课后练习

一、填空题

　　1. 餐厅结账方式一般有_____、_____、_____和_____等。

　　2. 中餐宴会分菜服务方式有_____、_____、_____和_____等。

　　3. 推销完饮品后，餐厅领班从客人的_____递送_____，介绍当日餐厅的_____后，领班主动上前从客人的_____给客人点菜，按照先_____后_____的顺序进行。在点菜过程中，要复述客人所点菜品的_____和_____。

二、简答题

　　1. 简述中餐午、晚餐服务流程。

　　2. 在西餐服务过程中，当客人点菜时，领班或接受点菜的服务员应注意哪些事项？

　　3. 简述酒吧服务中的存酒服务流程。

115

项目五　主题宴会设计与销售

随着我国经济的发展，人们生活水平不断提高，为了满足客人的需求，各家酒店千方百计地创新宴会设计，酒店想要从中脱颖而出，就需要创新宴会类型，提升主题宴会设计与销售水平，更好地为客人提供服务。

·课程思政·

我国有着悠久的历史文化，在宴会设计中运用中国传统文化元素，充分发挥宴会设计师的工匠精神，有利于传承和弘扬中华民族优秀传统餐饮文化，贯彻习近平新时代中国特色社会主义思想的世界观和方法论。因此，我们应紧跟现代宴会发展趋势，熟悉世界技能大赛赛项规则，提升宴会创新设计职业技能，设计出具有中国特色、具有时代感和艺术性、具有推广价值的优秀宴会产品。

·学习目标·

(1) 理解主题宴会的基本概念。
(2) 能够根据宴会主题和菜品配置台面物品，设计主题宴会菜单。
(3) 能够按照主题宴会预订流程受理客人预订，能够准确填写在主题宴会预订过程中产生的表单，明确各个表单的用途。

·学习重点·

(1) 主题宴会的特征和类型。

(2) 设计主题宴会的方法。

> · 学习难点 ·

(1) 根据宴会主题和菜品配置台面物品，设计主题宴会菜单。
(2) 中餐和西餐主题宴会设计方法。

情境导入——"唱收唱付"引起客人的不快

某日，一位法国客人请朋友在餐厅用餐，两人边吃边谈很开心。服务员在客人用餐期间，不时为客人斟酒、撤换餐具，法国客人对服务员的服务非常满意。客人用餐完毕，对服务员说："女士，请为我们结账。"服务员听了客人的话，马上去吧台取账单，检查无误后，她走到餐桌边大声说："你们两位一共花了260元，请问哪位付款？"这位法国客人马上面露不悦之色，当着朋友的面，对服务员说："你是一位很有素质的服务员，请你不要大声嚷嚷好不好？"服务员听客人这样说，理直气壮地辩解："先生，您不懂，在我们这里这叫唱收唱付，这是我们餐厅的规定。""究竟是我不懂还是你不懂？"法国客人气得不知道说什么好。

这时，餐厅经理走了过来，了解事情经过后，他接过服务员手中的账单，轻声地对法国客人说："对不起，请问是您付款吗？"说完把账单递给了法国客人，法国客人看了账单以后，便掏钱给餐厅经理。经理收了钱以后，对法国客人说："真是不好意思，给您添麻烦了！刚才服务员对您多有冒犯，请您谅解。"此时法国客人的气已经消了一大半，考虑到服务员的总体表现还是比较不错的，加之经理的真诚致歉，他便不再计较，与朋友谈笑着离开了。

情境分析

结账在餐饮服务中属于收尾工作，它意味着餐饮服务的结束。在这个环节服务员仍不能松懈，应当精益求精，按程序把工作做好。因为结账服务质量对客人的心理影响很大，直接关系到餐厅经营成果。在本案例中，结账服务引起客人不满的主要原因是服务员不了解外宾的结账方式。服务员用"唱收唱付"的方法来结账本来没有错，但外宾很忌讳这种做法，他们习惯了含蓄的做法。其实现在国内也不流行"唱收唱付"，通常情况下，服务员应轻声在客人耳边问一句："请问是哪一位结账？"然后将账单递至客人面前。总之，结账这个环节在整个餐饮服务过程中非常重要，客人对餐厅的印象定格是在这个环节形成的，因此餐厅的管理者和服务员必须高度重视结账服务工作。

任务一　认识主题宴会

一、主题宴会的基本概念和作用

（一）主题宴会的基本概念

宴会是人们为了达到一定的社交目的，以一定的接待规格、礼仪程序和服务方式，按一定规格组合一套菜品和酒水来宴请宾客的高级餐饮聚会。每一场宴会都是有目的、有主题的，所以宴会又称为主题宴会。

宴会有不同的名称，如筵席、宴席、筵宴、酒宴、燕饮(古时"宴"与"燕"通用)、会饮、酒席、酒会、招待会和茶话会等。称谓虽不同，但含义大体相同。

宴会举办是有目的、有计划的，在宴会进行过程中，既有餐饮活动，又有社交活动和娱乐活动。宴会与的零点餐饮活动相比，在规模、菜式、礼仪规格、服务方式、组织管理等方面级别更高。宴会体现了酒店的服务水平和管理水平，也体现了酒店的信誉。

（二）主题宴会的作用

主题宴会是餐饮产品的最高等级形式，在酒店经营项目中占有重要地位。

1. 主题宴会是酒店经济收入的重要来源

宴会规格高，参加人数多，菜品、服务方式统一，具有规模效益，所以宴会营业收入高，利润也很丰厚，一般占酒店餐饮产品收入的70%以上。正因如此，一些酒店、酒楼在开展多种经营的同时，不计成本开展宴会促销活动，以促进酒店经济效益的提高。

2. 举办主题宴会能提高酒店声誉、增强酒店竞争力

宴会活动涉及面广，接待管理水平及服务质量的高低，均对酒店声誉影响较大，能否举办主题宴会已成为酒店在行业中是否有竞争力的具体体现。成功的高标准主题宴会，可在一定程度上代表酒店烹饪、服务、管理的最高水平，可以迅速提高酒店的声誉，树立品牌形象，增强酒店的竞争力。

3. 举办主题宴会能推进餐饮文化创新、提高烹饪技艺

主题宴会主要销售高档餐饮产品，花色品种多，技术要求复杂，原材料成本高。每一场宴会的举办，都要综合考虑宴会主题、客人饮食习惯、环境氛围、宴会流程、菜式流行趋势等因素。宴会销售的特殊性及个性化服务为餐饮文化的发展奠定了基础，同时也对酒店产品提出了挑战，促使酒店厨师将继承传统与发扬创新精神相结合，研究更多餐饮品种和风味特点，不断探索、创新餐饮产品的制作工艺，提高烹饪技艺，从而满足不同类型客人多层次的消费需要。

二、主题宴会的特征和类型

(一) 主题宴会的特征

主题宴会既不同于零点餐饮，又有别于普通的聚餐，它具有聚餐式、规格化、目的性、广泛性和细致性这5个鲜明的特征。

1. 聚餐式

所谓聚餐式，是指宴会的形式，即多人围坐在一起聚餐。中餐宴会多用圆桌，一桌通常安排8人、10人或12人不等，一般以10人一桌最为常见，因为这意味着"十全十美"。宴会主宾一般有主人、副主人、主宾、副主宾、陪客、随从之分，围绕主宾，大家在同一时间、同一地点品尝同样的菜肴，享受同样的服务。

根据宴会的聚餐式特征，酒店管理者应高度重视宴会的接待管理工作，因为宴会是酒店在众人面前展示产品质量、服务质量、管理水平的活动。要扩大酒店的影响力，提升竞争力，酒店管理者必须做好宴会方案设计，针对宴会各方面工作制定规范和流程。

2. 规格化

所谓规格化，是指宴会的内容。成功的宴会应讲究礼仪，秩序井然，环境优雅，气氛隆重热烈，菜品设计合理、组合协调，烹饪制作精良，餐具精致整齐，整体布置恰当，席面设计考究，服务方式规范，形成一定的格局和规程。

根据宴会的规格化特征，酒店应在平时加强对管理人员和基层员工各方面知识和技能的培训，提高员工素质，引导员工树立团队协作意识，从而提升管理水平和服务水平。

3. 目的性

所谓目的性，是指宴会是社交活动的重要形式。人们设宴都有明显的目的，例如国际交往、国家庆典、亲朋聚会、红白喜事、饯行接风、疏通关系、酬谢恩情、乔迁置业、商业谈判以及欢度佳节等。总之，人们相聚在一起，通过品佳肴、谈心事来维系关系，增进彼此了解，加深情谊，从而实现社交目的。

根据宴会的目的性特征，酒店在举办宴会活动时，应围绕宴会主题布置环境，设计台型、台面，制作菜点，配备酒水，设计服务方式，播放背景音乐和席间音乐，执行服务流程。这样才能烘托宴会气氛，达到让客人满意、宴会成功的目的。

4. 广泛性

所谓广泛性，是指宴会管理涉及面广。大型宴会流程复杂，涉及原材料采购、菜品生产、酒水搭配、灯光控制、音响调试、收入核算、安全卫生等各个环节，需要各部门互相配合才能完成接待工作。

根据宴会的广泛特征，酒店应在平时引导员工养成顾全大局的意识。

5. 细致性

所谓细致性，是指宴会实施方案应详细设计。宴会接待管理是一项系统工程，实施过程不可逆转，即使是某一个细节出现差错，往往也会导致整场宴会的失败，或者留下无法弥补的遗憾，因此必须对宴会中的每一个环节进行细致、周密的组织和安排。

根据宴会的细致性特征，酒店管理者应认真做好开宴前的准备工作，对各个环节进行全面检查，及时纠正错误。

(二) 主题宴会的类型

1. 按宴会的菜式分类

(1) 中餐宴会。在中餐宴会上，多人围坐在圆桌旁食用中餐菜肴，饮中餐酒水，使用中餐餐具，并采用中餐服务。中餐宴会在环境布置、台型设计、台面物品摆放、菜品烹制、背景音乐选取、服务流程设计、接待礼仪等方面，都能反映中华民族传统饮食习惯和饮食文化特色。中餐宴会形式多种多样，根据宴会性质和目的，可分为国宴、公务宴、商务宴、婚宴等类型；根据菜品的档次，可以分为高档宴会、中档宴会和一般宴会。

(2) 西餐宴会。西餐宴会即按照西方国家宴会形式举办的宴会。西餐宴会一般采用长方形桌面，采用分餐制。宾客食用西餐菜肴，饮西餐酒水，使用西餐餐具(如刀、叉等)，采用西餐服务方式。西餐宴会讲究酒水与菜品的搭配、酒水与酒水的搭配。宴会环境优雅，通常采用蜡烛光营造宴会气氛。西餐宴会在环境布置、台型设计、台面物品摆放、菜肴烹制风味、服务方式等方面都体现鲜明的西方特色。西餐宴会形式主要有正餐宴会、自助餐会、冷餐酒会和鸡尾酒会等。

(3) 中西合璧宴会。中西合璧宴会即中餐宴会与西餐宴会两种形式相结合的一种宴会。宴会中，既提供中餐菜肴又提供西餐菜肴，既提供中餐酒水也提供西餐酒水，既提供筷子、勺等中餐餐具，也提供各式刀、叉等西餐餐具，服务方式主要根据菜品而定。这种宴会给人一种新奇多变的感觉，酒店常常采用这种宴会形式来招待中外客人。

(4) 鸡尾酒会。鸡尾酒会即采用具有欧美传统特色的集会交往方式举办的一种宴会。鸡尾酒会形式轻松，一般不设座位，没有主宾席位，客人可随意走动,以便于客人之间广泛接触、自由交谈。鸡尾酒会可作为晚上举行的大型中、西餐宴会,婚宴、寿宴、庆功宴及国宾宴会的前奏活动,也可与记者招待会、新闻发布会、签字仪式等活动结合举办。鸡尾酒会以饮为主,以食为辅,除各种鸡尾酒外,会场还备有其他饮料,但一般不准备烈性酒。举办鸡尾酒会的时间较为灵活,中午、下午、晚上均可。

(5) 茶话会。茶话会即由各类社团组织、单位或部门在节假日或需要时举办的宴会活动。茶话会主办方通常会邀请各界人士同欢同庆,相互祝贺、致谢,会场形式简单,通常安排演出,气氛轻松随意,食物以茶水、点心、小吃、水果为主。

(6) 自助餐宴会。自助餐宴会即冷餐会、冷餐酒会,是在西方国家较为流行的一种宴会形式。现在中国也有中餐自助餐宴会、中西合璧自助餐宴会。这类宴会的特点是以冷菜为主,以热菜、酒水、点心、水果为辅。会场有设座和不设座之分,讲究菜台设计,所有菜品在开宴前全部陈设在菜台上。自助餐宴会适合于节假日或纪念日聚会、展览会开幕及闭幕、各种联谊会和发布会等场合。自助餐宴会的规格可根据主客身份或宴请人数而定,隆重程度可高可低,可在室内或庭院里举办,举办时间一般在中午或晚上。在宴会上,客人可以自由活动,多次取食,方便客人之间交流。

2. 按宴会规格分类

宴会规格通常视主人、客人、主要陪客的身份而定,同时参考以往的接待标准以及现在的关系密切程度等因素。

(1) 正式宴会。正式宴会即在正式场合举办的宴会。正式宴会对环境气氛、餐具、酒水档次、菜肴道数及上菜程序、服务礼仪和方式、宾主席位、菜单设计等都有严格规定。席间一般设致辞和祝酒环节,有时也安排乐队演奏席间音乐。

正式宴会有国宴、公务宴会、商务宴会等。其中国宴是国家元首或政府首脑为国家的重大庆典,或为外国元首、政府首脑来访而举办的正式宴会,是接待规格最高、礼仪最隆重、程序要求最严格、政治性最强的一种宴会形式,也是规格最高的公务宴会,一般在晚上举行。国宴设计既要体现民族自尊心、自信心、自豪感,又要考虑兄弟国家的宗教信仰和风俗习惯,还要体现民族之间的平等、友好、和睦气氛。国宴讲究环境布置,厅内要求悬挂国旗,设乐队演奏国歌及席间音乐,菜单和座席卡上均印有国徽。

(2) 便宴。便宴即非正式宴会。便宴较随便、亲切,一般不讲究礼仪程序和接待规格,对菜品的道数也没有严格要求,适合日常友好交往场合,例如在家中招待客人。西方人喜欢采用家宴的形式招待客人,以示亲切友好,我国文化界的一些名人也喜欢这种宴请形式。

3. 按宴会性质和举办目的分类

（1）公务宴会。公务宴会即政府部门、事业单位、社会团体以及其他非营利性机构或组织因交流合作、庆典庆功、祝贺、纪念等公务事项接待国内外宾客而举办的宴会。宴会活动围绕主题展开，讲究礼仪和环境布置，服务形式可繁可简，宴会程序和规格都是固定的。

（2）商务宴会。商务宴会即各类企业和营利性机构或组织为了一定的商务目的而举办的宴会。商务宴会是所有宴会中最为复杂的一种，宴请目的非常广泛，例如，通过宴会打探对方虚实，获取商务信息；加强感情交流，达成某项协议；消除某些误会，达成共识。在商务宴会设计中，应凸显厅房、餐具、台面、菜肴的特点，确保当客人谈话陷入不融洽的局面时，能找到转移话题的题材。宴会座位应舒适，饭菜应可口，服务员在服务过程中应兼顾减少打扰和服务到位。

（3）婚宴。婚宴即人们举行婚礼时为宴请前来祝贺的亲朋好友而举办的宴会。婚宴环境布置应富丽堂皇，菜品选料与道数应符合当地的风俗习惯，菜名应寓意吉祥如意，满足主人追求幸福美满的目的。不同文化层次、不同出身的客人，对婚宴有不同的要求，档次差异非常大。新婚宴、金婚宴以及钻石婚宴最为隆重。

（4）生日宴会。生日宴会即人们为庆祝生日和祝愿健康长寿而举办的宴会。常见的生日宴会有满月酒、成人礼、生日宴、六十大寿宴、六十六大寿宴、七十大寿宴、八十大寿宴等。寿宴菜品应突出健康长寿的寓意，席间可安排分生日蛋糕、点蜡烛、吃长寿面、唱生日歌等活动来烘托气氛，祝贺生日宴会主角生日快乐。

（5）朋友、家庭聚餐宴会。朋友聚餐宴会是一种宴请频率最高的宴会，分为公请和私请两种。这类宴会形式多样，宴会主办者对餐厅的特色要求较高，追求餐厅装饰新颖。常见的朋友聚餐宴会有嘉年华会、同学聚会、行业年会等形式。家庭成员在一起聚餐的形式更加灵活，应着重体现亲情的温馨以及阖家欢乐的氛围。

（6）答谢宴会。答谢宴会即为了对曾经得到的帮助或对即将得到的帮助表示感谢而举办的宴会。这类宴会通常要求高档、豪华，就餐环境优美、清静。常见的答谢宴会有谢师宴、升迁宴、升学宴等形式。

（7）迎送宴会。迎送宴会即主人为了欢迎或欢送亲朋好友而举办的宴会。这类宴会的菜品一般根据宾客饮食偏好而定。环境布置突出热情喜庆的气氛，体现主人对宾客的尊重与重视。

(8) 纪念宴会。纪念宴会即人们为了纪念重大事件或纪念与自己密切相关的人或事而举办的宴会。这类宴会的环境布置应突出纪念对象的标志，如照片、实物、作品、音乐等，来烘托气氛。

4. 按宴会规模分类

按参加宴会的人数和宴会桌数，可将主题宴会分为小型宴会、中型宴会、大型宴会。10桌以下的为小型宴会；10～30桌的为中型宴会；30桌以上的为大型宴会。对于传统中餐宴会来说，1～2桌为宴席，3桌以上为宴会。

5. 按宴会菜品的主要用料分类

按宴会菜品用料，可将主题宴会分为全羊宴、全鸭宴、全鱼宴、全素宴、山珍宴等。这类宴会的所有菜品均用一种原料，或以具有某种共同特性的原料为主料，每道菜品在配料、调料、烹饪方法、造型等方面各有变化。

6. 按宴会菜式风格分类

(1) 仿古式宴会。仿古式宴会即将古代非常有特色的宴会与现代餐饮文化融合而产生的宴会形式，如仿唐宴、孔府宴、红楼宴、满汉全席等。这类宴会继承了我国历代宴会的形式、礼仪、菜品制作的精华，在此基础上进行改进创新。仿古式宴会增加了宴会的花色品种，传播了中华文化。

(2) 风味式宴会。风味式宴会将具有某一地方特色的风味食品用宴会的形式来表现，具有明显的地域性和民族性，强调正宗、地道。常见的风味式宴会有粤菜宴、川菜宴、鲁菜宴、苏菜宴、徽菜宴、闽菜宴、浙菜宴、湘菜宴等。

三、主题宴会总体设计

宴会是一种众人聚会的社交活动，涉及酒店的许多部门和岗位。举办宴会比较繁杂，如果没有计划和统一安排，各部门工作人员很有可能各行其是，缺乏协调性，造成无序状态，所以必须事先对宴会做好策划和设计，才能保证宴会的顺利进行。宴会设计应根据宾客的要求突出宴会主题，同时利用酒店现有的物质条件和技术条件突出菜品、酒水、服务方式、娱乐项目、场景布置或台面的特色，为宾客营造安全舒适、美观温馨的就餐环境。同时，宴会设计要符合现代宴会发展的趋势，还应该考虑酒店的经济效益。

(一) 主题宴会设计的内容

主题宴会设计包括如下8项内容。

1. 主题宴会的议程设计

按照主人的宴请目的、宴会形式、宴会内容，预估宴会持续的时间，根据宴会持续时间安排宴饮、敬酒、会见、采访、合影、演讲、歌舞表演、颁奖、展示等活动，确定先后顺序、限定时间及各项活动的程序。通常情况下，鸡尾酒会持续

45～60分钟，宴会持续1～1.5小时，自助餐会持续1小时，茶话会持续1.5～2小时。

2. 主题宴会的菜品与菜单设计

合理设计宴会菜品及菜品组合是主题宴会设计的核心。设计菜谱要以人均消费标准为前提，以客人需求为中心，以本单位物资和技术条件为基础。菜单设计涉及各类食品结构设计、营养设计、味道设计、视觉设计、质地设计、原料设计、烹调方法设计、数量设计、风味设计等内容。

3. 主题宴会的酒水设计

根据宴会主题、宾客要求和饮食习俗选配酒水。酒水与菜品、酒水与酒水的搭配，以及酒水服务程序，都是酒水设计的内容。

4. 主题宴会的台面设计

台面设计应能烘托宴会气氛，突出宴会主题，提高宴会档次，体现宴会水平。在进行台面设计时，应根据客人的进餐目的、主题要求以及菜品特色，将各种餐具和桌面装饰物进行组合造型。

5. 主题宴会的场景设计

根据宴会厅在酒店的位置，对宴会厅外的走廊、前厅、酒店大门前空地、停车场进行装饰设计。根据宴会主题，对宴会厅内的天花板、地面、窗帘、台布、舞台背景墙、墙面装饰画、装饰花、绿色植物、餐桌、台面等进行设计，通过色彩、灯光、装饰物、背景音乐营造宴会气氛，渲染和衬托宴会主题。

6. 主题宴会的台型与席次设计

根据参加宴会的人数，确定餐桌类型和数量。根据宴会厅的面积，设计餐桌摆放的整体造型，突出主桌，突出主宾席区，同时对主人、副主人、主宾、副主宾、陪客、随从席次进行安排设计。

7. 主题宴会的服务流程设计

对主题宴会的程序安排、服务规范与方式等进行设计，内容包括接待程序与服务程序、服务人员的行为举止与礼仪规范、席间乐曲演奏与助兴娱乐等。

8. 主题宴会的安全设计

对宴会在进行中可能出现的各种不安全因素进行预防方案设计，内容包括宾客人身与财物安全方案设计、食品原料安全方案设计和服务过程安全方案设计等。

(二) 主题宴会设计的操作程序

1. 了解宾客需要

通过宴会预订，获取客人的姓名、联系电话，宴会举办时间、地点、规模、类型、形式，标准菜品口味，酒水选择，有无特殊要求，宴会场景要求，宴会设备要求等信息，对这些信息进行整理，记录在宴会预订日记簿上。

2. 确定宴会主题

根据宴会信息分析客人的心理需求。对于一些细节问题，还需要请客人到宴会厅实地考察，酒店应将举办宴会的一些规定和政策告知客人，双方沟通达成意见一致后，酒店销售部应与客人签订宴会合同。客人交纳一定数额的订金后，意味着酒店正式承办宴会，并确定了宴会的主题。

3. 制定设计方案

宴会部根据客人的要求和酒店宴会厅的条件，对宴会全过程进行设计，先针对宴会的流程和环节设计草案，上交宴会部主管领导审核，同时征求客人的意见并修改草案，最终制定正式的宴会设计方案。

4. 下达正式设计方案

宴会部以宴会通知单的形式将正式设计方案下发给各有关部门。一般情况下，与宴会有关的部门主要有主管宴会部的酒店副总经理、餐饮部、市场销售部、工程部、厨房、管事部、保安部、客房部、财务部、花房、人力资源部、前厅部、酒吧等。

(三) 主题宴会服务与管理流程

主题宴会服务与管理流程包括如下7个步骤。

(1) 受理预订，包括了解信息，安排预订人员，签订宴会合同。

(2) 计划组织，包括下达宴会设计方案，做好人、财、物的组织准备。

(3) 执行准备，包括宴会实施各部门开会落实宴会执行的各项工作细节。

(4) 全面检查，包括对宴会各阶段的大量准备工作的全面检查。

(5) 组织实施，包括宴会开始时的宾客接待、宴会现场的服务督导、宴会结束后的结账送客。

(6) 结束总结，包括宴会撤台清理，总结、整理宴会的有关资料。

(7) 整理归档。建立主题宴会客史档案，收集相关资料，包括宴会的预订资料，菜单，宴会厅台型图、台面图、席次图，宴会场景设计说明书，宴会议程、服务流程设计方案，服务人员名单，宴会营业收入及分类，服务人员对宴会的反馈意见，宾客对宴会的反馈意见，特殊情况及处理，领班或主管对宴会的书面总结。

任务实施

目标：了解主题宴会的特征、类型以及总体设计内容。

要求：选择一个主题宴会案例，说明其类型、性质、总体特色、服务流程等，学习宴会的成功之处，找出不足，以便在实操中借鉴。

方法：10人一组，每人分别评价所选案例，由教师总结。

工具：投影仪、纸、笔等。

场地：实训室。

评估：由实训教师和小组成员共同根据实际情况，在表 5-1 中打分。

表 5-1　主题宴会设计与销售——认识主题宴会考核表

学生姓名：　　　　　　　　　　　　　　　　　　　　　考核时间：

考核内容		考核评价	
学习目标	评价项目	小组评价	教师评价
专业知识 (40分)	对主题宴会的总体认识 (20分)		
	对主题宴会作用的认识 (20分)		
专业能力 (40分)	主题宴会总体设计的内容 (40分)		
通用能力 (20分)	表达能力 (10分)		
	总结能力 (10分)		
反思与探究： 从实施过程和评价结果两方面进行反思，分析存在的问题，寻求解决办法		评价汇总： 优：80 分以上 良：70～80 分 中：60～70 分 差：60 分以下	

知识链接——结婚纪念日的叫法

结婚1年为纸婚；2年为布婚；3年为皮婚；4年为丝婚；5年为木婚；6年为铁婚；7年为铜婚；8年为电婚；9年为陶婚；10年为锡婚；11年为钢婚；12年为亚麻婚；13年为花边婚；14年为象牙婚；15年为水晶婚；20年为瓷婚；25年为银婚；30年为珍珠婚；35年为玉婚；40年为红宝石婚；45年为蓝宝石婚；50年为金婚；60年以上为钻石婚。

任务二　主题宴会台面设计

一、主题宴会台面设计的意义

根据宴会主题和宴会菜品设计台面具有非常重要的意义，具体体现在以下几个方面。

(1) 通过设计台面物品，特别是台面中间摆放的装饰花的色彩、造型，可以烘托宴会气氛。

主题宴会台面设计之中餐主题宴会设计(中文)

主题宴会台面设计之中餐主题宴会设计(英文)

主题宴会台面设计之中餐主题宴会设计(泰文)

课堂笔记

学习心得

课外拓展

(2) 通过在台面摆放一些质地贵重、做工精良的金器，能反映宴会的档次。

(3) 通过餐巾花造型和摆放位置，能反映主人、主宾、随从、陪客的座席位置，彰显主人对主宾的尊重。

(4) 通过台布与台裙、台布与餐具、台布与装饰画、餐具与装饰花的色彩搭配，能体现设计者的艺术风格和创意，也能体现酒店整体的管理水平。

二、主题宴会台面设计程序

成功的主题宴会台面设计就像一件艺术品，令人赏心悦目，能为宴会营造隆重、热烈、和谐、欢快的气氛。因此，台面设计已成为现代主题宴会设计不可或缺的环节。下面简单介绍主题宴会台面设计的程序。

（一）根据宴会目的与宾客特点确定宴会主题

宴会台面设计首先要明确宴会主题。宴会主题的确定依据是宾客的用餐目的、年龄结构、消费习俗、消费心理、经济状况等。例如，为开业庆典举办的宴会，应该根据庆典的内容、性质及参加庆典人员数量和文化层次等来确定宴会主题和台面格调。

（二）根据主题宴会台面寓意命名

成功的主题宴会，大多都拥有一个别致而典雅的名字，这便是台面的命名。台面命名能突出宴会的主题，暗示台面设计的艺术手法，烘托宴会气氛。例如，中国茶宴、珠联璧合宴、蟠桃庆寿宴、梦幻丽江迎宾宴、圣诞欢庆宴等。

（三）根据主题宴会场地规划造型设计

安排宴会厅场地和规划台型时，原则上应考虑宴会厅的类型、宴会主题、宴会形式、用餐人数以及主办方要求等因素。

（四）根据宴会主题创意设计台面造型

1. 主题宴会的台布选择与台裙装饰

大型宴会通常会有特定主题，因此台布与台裙的颜色、款式要根据宴会主题来确定，以体现服务的特色。可以选用制作好的常规台裙，也可以选用高档丝绸在现场制作造型各异的台裙。例如，寿宴台面可以选用红黄相间的动感台裙，其色彩传统，造型现代，红色热烈，黄色高贵，突出了寿宴主题。

2. 主题宴会的餐具选择与搭配

现代餐具主要有中式、西式、民族式、日式、韩式等不同风格，材质、形状、档次也有相当大的差异，宴会设计者可选用不同风格的餐具或特制精美的

中餐主题宴会设计案例（中文）

中餐主题宴会设计案例（英文）

中餐主题宴会设计之学生作品赏析

课堂笔记

学习心得

课外拓展

餐具，搭配出形态万千的台面造型，既能满足宾客进餐的需要，同时也能起到美化餐台、促销、渲染宴会气氛的作用。

3. 主题宴会的餐巾花造型

通过折法的变化和手艺的创新，可以将餐巾折制出千姿百态的造型，衬托出田园式、节日式、新潮式、超豪华式等不同宴会的主题和气氛。

4. 主题宴会的菜单设计、装帧与陈列

宴会菜单不仅有点缀环境、推销的作用，而且还是主题宴会的重要标志，可以反映宴会的情调和特色，因此宴会厅设计者应根据宴会主题精心设计菜单，选择合适的装帧形式及陈列方法。

5. 主题宴会的花台造型

花台造型设计是现代主题宴会台面布置的重要环节，具有很强的艺术性。宴会设计者应遵循花台设计与摆放要合理、形象与名称要贴切、寓意深远、既方便实用又便于服务、清洁卫生的原则，根据不同类型的主题宴会设计不同的花台造型，既能美化环境，丰富餐台造型，又能营造宴会和谐、美好的气氛，体现宴会的隆重。

6. 主题宴会的餐垫、筷套、台号、席位卡布置与装饰

在现代宴会台面设计中，虽然餐垫、筷套、台号、席位卡并不是重要元素，但其作用不容忽视，宴会设计者应根据宴会的主题风格、花台的主色调、餐具的档次、宴会的规格、宾客的要求精心设计这些元素，从细节上突出宴会主题。

三、主题宴会台面设计要求

（一）符合宴会主题和档次

例如，生日宴会与公务宴会主题不同，台面装饰就大不一样。在生日宴会的台面上可以摆放烛台、生日蛋糕来装饰，在公务宴会的台面上可以摆放"孔雀迎宾"来装饰。在餐具方面，普通宴会配5件头餐具，中档宴会配7件头餐具，高档宴会配8～10件头餐具。在高档宴会上，可选用金、镀金、银、镀银和骨质象牙白瓷器等质地的餐具。

（二）符合主题宴会菜品和酒水特点

在台面上摆放餐具时，应以宴会菜单上的菜品种类及客人进餐的需要为依据；摆放杯具时，应以宴会酒水的色、香、味、体的特点为依据，还应考虑方便客人拿取和饮用酒水。在中式宴会上应选用中式餐位餐具，最具代表性的餐具是筷子；在西餐宴会上，食用什么菜品便配备什么餐具，最具代表性的餐位

主题宴会台面设计之西餐主题宴会设计(中文)

主题宴会台面设计之西餐主题宴会设计(英文)

主题宴会台面设计之西餐主题宴会设计(泰文)

课堂笔记

学习心得

课外拓展

餐具是刀和叉。饮用不同酒水也应以不同的酒具配合，所以西餐宴会台面上摆放的餐具通常是为第一道菜准备的餐具。

(三) 台面用品摆放要协调美观

中式宴会通常10人围一桌，台面上摆放的物品比较多，因此要求餐具颜色协调统一，结合美学原则进行创新，提高艺术观赏性。

(四) 餐位餐具摆放要有界域

摆放每一套餐位餐具时，要紧凑一些，相对集中一些，每套餐位餐具之间要留有较大的空隙，以便客人辨别属于自己的餐具。

(五) 讲究礼仪

宴会客人来自五湖四海，各自有不同的风俗习惯和饮食偏好，所以在摆台时一定要尊重客人的风俗习惯和饮食偏好，特别是在台面装饰花的颜色、种类，主人、主宾位餐巾花的造型方面，更应体现宴会礼仪。

四、主题宴会台面种类

宴会台面按照用途可分为食用台面、观赏台面、艺术台面。

(一) 食用台面

食用台面也称餐台或素台，在餐饮业中称为正摆台。食用台面按照就餐人数、菜单的编排和宴会的标准来配备，通常将餐位用品摆放在每位客人的就餐席位前，餐具简洁美观，公共用品摆放比较集中，较少摆放各种装饰物，四周设座椅。这种台面服务成本低、经济实惠，多用于中档宴会。食用台面可进行如下分类。

1. 按照餐饮风格分类

(1) 中餐主题宴会台面。如图5-1所示，餐桌为圆桌，在台面餐具中，有最具中餐特色的筷子及配套的筷架和筷套。台面造型以中国传统的具有吉祥寓意的动植物居多。

(2) 西餐主题宴会台面。如图5-2所示，餐桌为直长台，在台面餐具中，有最具西餐特色的各种餐刀、餐叉。台面造型简洁，应考虑宾客的审美情趣和习俗。

(3) 中西混合式主题宴会台面。如图5-3所示，一般用中式圆桌，台面餐具既有中餐的筷子，又有西餐的餐刀、餐叉、餐勺等，用餐形式以分餐为主，台面造型采用中西合璧形式。

图 5-1 中餐主题宴会台面(全国职业院校技能大赛高职组餐厅服务赛项图片)

图 5-2 西餐主题宴会台面

图 5-3 中西混合式主题宴会台面

2. 按照餐位餐具的件数分类

按照餐位餐具的件数,台面分为3件头台面、4件头台面、5件头台面、6件头台面、7件头台面、8件头台面、9件头台面,10件台面。我国南方地区宴会的餐位餐具为10件头餐具,北方地区宴会的餐位餐具为9件头餐具。

摆放餐具时,餐碟标志与葡萄酒杯对准,两者之间距3厘米;葡萄酒杯与白酒杯和水杯在一条直线上,葡萄酒杯与白酒杯肚距离1厘米,与水杯距离1厘米;口汤碗摆在餐碟左上方,与餐碟距离3厘米,碗碟上沿在一条直线上;餐碟与筷子中线距离18.5厘米,筷子放置在筷架位置上2/5处,筷套左边放长柄汤匙。

(1) 3件头台面,包括骨碟、汤匙、筷子。

(2) 4件头台面,包括骨碟、汤匙、筷子、酒杯。

(3) 5件头台面,包括骨碟、汤匙、筷子、水杯、啤酒杯或白酒杯。

(4) 6件头台面,包括骨碟、汤匙、筷子、水杯、啤酒杯或白酒杯、口汤碗。

(5) 7件头台面,包括骨碟、汤匙、筷子、水杯、啤酒杯或白酒杯、口汤碗、味碟。

(6) 8件头台面，包括骨碟、汤匙、筷子、水杯、啤酒杯或白酒杯、口汤碗、味碟、果酒杯。

(7) 9件头台面，包括骨碟、汤匙、筷子、水杯、啤酒杯或白酒杯、口汤碗、味碟、果酒杯、银汤匙。

(8) 10件头台面，包括骨碟、汤匙、筷子、水杯、啤酒杯或白酒杯、口汤碗、味碟、果酒杯、银汤匙、餐巾花。

3. 按照就餐方式分类

(1) 聚餐式台面。中式宴会采用聚餐方式用餐，10位就餐者围一张圆桌而坐，每一张桌都铺台布，摆餐位餐具、公用餐具用具和装饰用品。上菜后，主人夹第一筷菜给主宾后，大家才可伸筷。

(2) 分餐式台面。西餐宴会采用分餐式用餐，按客人所点的菜品配备相应的餐具，将按照菜单确定的餐具全部摆在餐桌上，还要摆放水杯、葡萄酒杯、烈酒杯。公用餐具较多，一般不摆在餐台上，而摆在旁桌上，餐桌上只摆放椒盐瓶、牙签筒、烛台、装饰用品。

(3) 自助餐台面。在自助餐宴会中，服务盘、骨盘、公共用具都摆放在自助餐菜台的各种菜盆的旁边，不摆放服务盘、骨盘，也不摆放公用餐具。通常用餐巾花来定位，在餐巾花两侧摆放正餐刀叉，右刀左叉，在距离餐巾花上方1厘米处摆放饮料杯、葡萄酒杯、烈酒杯，并摆放烟灰缸和椒盐盅。在自助餐台中央摆放装饰花。

(二) 观赏台面

观赏台面也称看台，是专门供客人观赏的一种装饰台面。在举办高档宴会时，为了营造宴会气氛，通常在宴会厅大门入口处或宴会厅中央显眼的位置，用花卉、雕刻品、盆景、果品、面塑、餐巾、餐具、彩灯、裱花大蛋糕等在台面上造型，来突出宴会主题。例如婚宴的"龙凤呈祥"、寿宴的"福如东海寿比南山寿桃"、饯行宴的"鲲鹏展翅"、洗尘宴的"黄鹤归来"、庆功宴的"金杯闪光"。

观赏台面一般不摆餐位用品，也不摆公用餐具，四周不设座椅。这种台面选用的装饰物要符合宾客的审美习惯。中式看台一般使用圆台，用寓意吉祥的图案和动植物形态来反映宴会主题，例如龙、凤、鸳鸯、仙鹤、孔雀、燕子、蝴蝶、金鱼、青松、蟠桃等。西餐宴会的看台一般用装饰花来造型。

(三) 艺术台面

艺术台面也称花台，是目前酒店中最常见的一种台面形式，通常用鲜花、绢花、盆景、花篮以及各种工艺品和雕刻品等点缀台面中央，在外围摆放公用餐具，并做造型供客人在就餐前欣赏，四周应设座椅。在开宴上菜时，需先撤下桌上各种装饰物，再把餐位用品分给客人。这种台面既可供客人就餐，又可供客人欣赏，可以视为食用台面与观赏台面的综合体，多用于中高档宴会。

另外，主题宴会台面根据餐台形状，可分为圆桌台面、方桌台面、转台台面等；根据台面造型及其寓意，可分为迎宾台面、百鸟朝凤台面等；根据宴会的菜品名称，可分为全鱼席、海参席、饺子席等。

五、主题宴会台面物品种类

主题宴会台面物品按照用途可分为以下三类。

(一) 公共物品

主题宴会台面上的公共物品包括台布、台裙、转台、公用筷架、公用筷子、公用勺、台号牌、烛台、蜡烛、烟灰缸、酱醋壶、椒盐瓶、菜单、牙签筒、装饰花瓶、桌旗等。

(二) 餐位用品

主题宴会台面上的餐位用品包括筷子、筷子架、口汤碗、汤勺、饭碗、骨碟、味碟、酒杯(水杯或啤酒杯、红酒杯、白酒杯)、餐巾、席次卡、餐刀、餐叉、面包盘、毛巾碟等。

(三) 装饰用品

主题宴会台面上的装饰用品包括装饰花、雕刻品、盆景、果品、面塑等台心装饰。

六、主题宴会台面物品配置设计

(一) 中餐主题宴会

1. 中餐主题宴会台面物品配置(以10人台面为例)

(1) 公共物品。台布一条，台裙(装饰布)一条，转台一个，台号牌一个，装饰物一个，公筷架两个，公用勺两只，公筷两双，菜单两本(或每人一张)，酱醋壶各一个，牙签筒一个(或每人一袋牙签)。

(2) 餐位用品。垫底盘(装饰盘)每人一个，骨碟每人一个，味碟每人一个，口汤碗每人一个，汤勺每人一只，筷子架每人一个，筷子、筷子套每人一双，长柄勺每人一只，餐巾每人一块，水杯每人一只，红葡萄酒杯每人一只，白酒杯每人一只，席位卡每人一张，毛巾碟每人一个，水果叉每人一个。

(3) 装饰用品。台心装饰物一个(可摆放雕刻品、盆景、果品、面塑)。

项目五 ▶ 主题宴会设计与销售

2. 中餐主题宴会台面创意设计说明

中餐主题宴会设计的主题创意说明应围绕宴会主题，根据主题创意介绍台面物品设计。主题创意说明一般包括主题名称、设计元素解析、主题宴会菜单设计、主题宴会服务流程设计等内容，如图5-4所示。

图5-4 "花'漾'年华"主题宴会台面创意设计说明

知识链接——"花'漾'年华"主题宴会台面创意设计说明

一、主题名称

"花'漾'年华"主题生日宴会。

二、主题创意说明

十八岁的年纪，似泉水般清澈，如骄阳般耀眼。十八岁，像一阵夏风莽撞吹过，沁人心脾；又像一片夏花肆意绽放，灿烂夺目。十八岁，意味着有更多的责任去背负，有更多的目标等待被实现；意味着拥有无限创造的能力，有无限的可能和无限的希望。

十八岁的年纪，有少年放肆无畏的梦想，也有成年掷地有声的担当。十八岁的我们，应该主动担负起时代赋予的重任，以奋斗擦亮最亮丽的青春底色。

羡子年少正得路，有始扶桑初日升。十八岁，成年了，就是真正意义上的青年了。青年是祖国的未来、民族的希望，也是我们党的未来和希望。

此台面以"花"冠名，由"漾"展开，旨在打造一场童话场景般的成人礼宴会。希望在成人礼过后，新一代的青年绽放生命的花朵，开启璀璨的人生，以青春之名，献礼二十大。乘风华正茂之东风，砥砺勇毅前行之初心。此台面改变千篇一律的成人礼宴会风格，大量选用低调而不失梦幻、高雅而不失唯美的银灰色调。以层层叠叠、轻盈华美的纱缎为灵感来源，以镶嵌珍珠的花朵为设计元素，给人留下无限遐想的空间，寓意对未来的憧憬。台面整体呈晶莹的灰色，简约精致，闪烁着既华丽又典雅的神韵，幽雅而神秘。

"十八而志，责有攸归。"朝气蓬勃的面庞有了坚毅之色，单薄柔弱的肩膀有了担当之力。世界大千，宇宙万象，修身齐家治国平天下之千年梦想，正在寥廓新时代化为躬身中国梦之青春实践。

三、设计元素解析

(1) **中央装饰物**。一本翻开的书，两根雕刻精美的立柱蜿蜒向上，寓意恰同学少年，风华正茂，书生意气，挥斥方遒。正青春的年纪，正芳华的旅程，寓意在这个浩荡新时代"青春中国"的无限可能。书上盛开的花朵及炫目的珍珠等由此蔓延向上生长，既美丽清新，又独立坚强。花蕊藏在花瓣中的羞涩，象征着成长的懵懂；尽情绽放的落落大方，象征着接受风雨洗礼之后的从容、欢畅。不争相斗艳，也不孤芳自赏，只为感恩生命赐予自己的那份美丽，鲜艳着，灿烂着，平和而又执着。灯球和蓝紫色的灯串，跳动着希望的光芒，象征着耀眼的生命。

(2) **主题台卡**。滴胶制成的透明小房子里，盛开着从底处生长出来的各色小花，配以云朵状的底托，既映衬主题，又点缀了餐台，更显精巧雅致。

(3) **桌布**。桌布由高级灰色底布和银灰色面布组成，娴静而不失高雅。底布下垂部分选用不同材质、不同透明度的繁花作为装饰，由下往上，由多到少，由深到浅，逐渐与面布花朵融为一体。近看如落下的墨汁在纸上开花，远看似碧波上荡着点点深灰浅蓝色的帆，正如从少女到成年时期的华丽转变。那纤美柔软的花蕊包裹着小小的晶莹剔透的珍珠，点缀着美丽的花朵，明暗交织，呈现出不同意境的梦幻气氛。为了呈现制作精良的效果，两万余片花瓣皆由团队成员纯手工染制成深浅不一的蓝灰色调，专门选用不褪色的染色剂，染制完成后平整铺开、晾晒，直至完全干透后，再用针线将一片一片花瓣缝制成花朵，最后绣牢在桌布上，即便重复洗涤使用也不会出现花朵掉落、褪色等现象。

(4) **椅套**。椅套内里选用弹性高光化纤面料，与椅背贴合度高，无皱褶；外面选用散光幻彩纱塑材质，仿佛少女的华美裙摆。椅背系有蝴蝶结，高级的银灰色调呈现出一种低调又有质感的光泽。

(5) **主人位餐巾花**。主人位餐巾花采用蜡烛造型，寓意温暖、光明，带给人无限希望。

(6) **副主人位餐巾花**。副主人位餐巾花采用帆船造型，寓意成人礼后扬帆掌舵，功崇惟志，业广惟勤，驾驭人生。

(7) **宾客位餐巾花**。宾客位餐巾花采用书卷造型，餐巾扣上高雅精致的花朵紧扣主题，寓意人生的旅途如书如画，只要心境坦荡，任凭岁月磨砺，依然能写尽光阴的温柔,惊艳岁月的流逝,散发沁人的芬芳,绽放未来的美好。

(8) **筷套和牙签套**。筷套和牙签套选用80克双胶纸,彩色印刷,采用两边封生产工艺,剪裁应凸显高级质感,均以白色为底色,配图风格应轻柔细腻,与整体相呼应。

(9) **骨碟、味碟、汤碗、筷架等**。台面上的其他用品皆为简单优雅的白色骨质瓷质地,通透细腻,光滑晶莹,为整个台面增加了高洁雅致的气息。整体色彩采用灰调配以纯白色,给人以柔美、静谧、高贵的视觉效果,体现形式美、意境美。

(10) **服装**。服装选用符合中餐服务员岗位要求的中式旗袍,颜色选择雾霾蓝色,与台面装饰物遥相呼应,在盘扣上稍做设计,整体淡雅而不失韵味。

(11) **菜单**。菜单选用合金电镀材质制作而成,金属质感的花朵、花枝与台面整体意境相协调,字体、字号合理。菜品由四道凉菜、八道热菜、一汤、二点心组成,先冷后热,荤素搭配合理,口味多样不单一,并用四字成语将一道道美味的菜品名称展示出来,别具匠心,韵味独特。此外,菜品成本合理,便于酒店实际推广。

(二) 西餐主题宴会

1. 西餐主题宴会台面物品配置(以"一"字形26人台面为例)

(1) 公共物品。台布若干条(适合5.4米长桌),台裙一条,烛台两个,蜡烛若干根,台心装饰物一个(或两个),台号牌一个,菜单两本(或每人一张),椒盐瓶两套,牙签盅两个,糖奶盅、糖夹各一个,牛奶壶、咖啡壶各一个,牙签筒一个,台式国旗一面。

(2) 餐位用品。垫底盘每人一个,餐盘每人一个,餐巾每人一条,餐刀(主菜刀、鱼刀、开胃品刀)每人各一把,餐叉(主菜叉、鱼叉、开胃品叉)每人各一只,汤匙、甜品勺、甜品叉每人各一只,面包盆每人一个,黄油刀每人一把,黄油碟每人一只,水杯、红葡萄酒杯、白葡萄酒杯每人各一只,水果刀、叉每人各一个,席位卡每人一张。

(3) 装饰用品。台面装饰物一个(或两个),桌旗一面。

2. 西餐主题宴会台面创意设计说明

西餐主题宴会台面创意设计说明的架构和中餐主题宴会台面创意设计说明相似。

知识链接——SNOOKER西餐主题宴会台面创意设计说明

Snooker

Snooker is generally regarded as having been invented in India by British Army officers. It is played on a rectangular table covered with a green cloth with pockets at each of the four corners and in the middle of each long side. Using a cue and 22 colored balls. Players must strike the white ball to pot the remaining balls in the correct sequence.

The objective of the game is to score more points than one's opponent by potting object balls in the correct order. Whenever a red ball is potted, the shooter is allowed to pot one of the colours. If successful, they score the value of the colour potted, and it is returned to its correct position on the table.

The most important event in professional snooker is the world championship. It is the most highly valued prize in professional snooker. Top professional players now compete regularly around the world and earn millions of pounds. The sport has become increasingly popular in China. Ding Junhui is China's most successful player ever, having become only the second teenager, after John Higgins, to win three ranking titles.

主题宴会
菜单设计
（中文）

主题宴会
菜单设计
（英文）

主题宴会
菜单设计
（泰文）

任务三　主题宴会菜单设计

一、认识主题宴会菜单

（一）主题宴会菜单的概念

主题宴会菜单是指按照主题宴会菜品的组成和要求以及上菜顺序编写的一整套菜品清单。从形式来看，主题宴会菜单是记录菜名的单子；从内容来看，主题宴会菜单是具有一定规格的一整套菜谱；从功能来看，主题宴会菜单是饭店厨师和服务员生产、服务的计划书。主题宴会菜单的设计具有专业性，一般依据菜品内容、酒店经营成本与利润、客人需要与喜好进行多方面搭配，并制定合理的价格。主题宴会菜单形式讲究规格和传统，内容突出名菜和特色。

(二) 主题宴会菜单的作用

1. 菜单反映了酒店的经营方针

酒店餐饮工作主要涉及原料采购、食品烹调制作、餐厅服务等，这些工作内容都以菜单为依据，因此必须根据酒店的经营方针来设计菜单，才能实现经营目标。

2. 菜单标志着酒店菜品的特色和水准

根据菜单上的菜品的选料、组配、烹制、排菜等信息，客人很容易判断菜品的特色风味、酒店的经营能力及管理水平。同时，菜单也反映了厨房烹调技术和宴会服务艺术水平。

3. 菜单是沟通消费者与接待者之间的桥梁

消费者是根据菜单选购菜品和酒水的，而向消费者推荐菜品则是接待者的服务内容之一，消费者和接待者通过菜单开始交谈，沟通信息。通过"推荐"和"接受"，买卖行为得以成立。

4. 菜单既是艺术品又是宣传品

设计精美的菜单既可以成为酒店的广告宣传品，又可以作为可观赏的艺术品，还可以营造用餐气氛，表现宴会厅的格调，有助于客人对列出的美味佳肴留下深刻的印象，留下美好的回忆。

5. 菜单是酒店开展餐饮业务活动的总纲

菜单是酒店配备餐饮服务设施的参照，也是酒店开展餐饮服务生产和销售活动的依据，它以多种形式影响和支配着酒店的服务系统，具体体现在以下5个方面。

(1) 菜单是酒店购置设备的依据和指南。酒店在购置设备和餐具时，主要依据菜单中菜式的品种、制法和特色来确定所购物品的种类、规格、质量和数量。每种菜式都需要用到相应的加工烹制设备和餐具。菜式品种越丰富，所需设备和餐具的种类就越多；菜式越珍奇，所需的设备和餐具也就越特殊。总之，菜单决定了厨房和餐厅所使用的设备和餐具的数量、性能与型号等，因而在一定程度上决定了酒店的设备与技术水平。

(2) 菜单是酒店招聘员工的依据和参考。酒店应根据菜式制作和服务的要求，配备具有相应技术水平的厨师和服务人员。

(3) 菜单在一定程度上决定了采购和储藏的规模、方法和要求。例如，酒店如使用固定菜单，菜式品种在一定时期内将保持不变，酒店所需食品原料的品种、规格等也相应固定不变，那么酒店在原料采购方法、采购规格标准、货源选择、原料储藏要求、仓库条件等方面能保持相对稳定。如果酒店使用循环菜单或经常变换菜单，则其他相关环节也会发生变化。

(4) 菜单决定了餐饮成本的高低。菜单在体现餐饮服务规格、水平、风格、特色的同时，也决定了酒店餐厅经营成本的高低。用料珍稀、原料价格昂贵的菜式过多，必然会增加食品原料成本；精雕细刻、煞费匠心的菜式过多，又会无端增加劳力成本。菜单制定得是否科学合理，各种不同成本的菜式数量所占的比例是否恰当，将直接影响酒店餐厅的盈利能力。

(5) 菜单影响厨房布局和宴会厅装饰。厨房内各业务操作中心的选址，各种设备、器械、工具的定位，应当以满足菜品加工制作需要为准则。中餐厨房与西餐厨房的布局安排往往大相径庭，这是因为烹制方法和过程不同，所用的设备和工具也不同。即使同样是中餐厨房或西餐厨房，也会因各家菜品特色、加工制作方法、品种数量比例等方面的差异而形成各自特定的布局。此外，餐厅的装饰也应配合菜品的地方风味特色。

二、主题宴会菜单的种类

(一) 按市场特点分类

1. 固定性主题宴会菜单

固定性主题宴会菜单是指设计人员根据酒店的客源市场和客人的消费档次，事先设计的不同价格、不同类型、不同风味的宴会菜单。例如婚宴套餐菜单、商务宴套餐菜单等。这种菜单的菜品已按既定的格式排好，菜品排列组合和售价基本固定。在筹办同档次、同类型的宴会时，酒店通常会同时列出几份不同菜品组合的菜单供客人挑选。这种菜单有利于烹饪原料的集中采购、集中加工，从而降低成本、提高效率；有利于酒店科学合理地选择和配置设备；有利于职工劳力的安排和菜品质量的稳定和提高。但固定菜单也有不足之处，正因为菜品固定不变，饭店必须无条件地购买烹制各道菜品所需的食品原料，当食品原料价格上涨时，会增加经营成本。此外，固定菜品不够灵活，难以提供多种风格的餐饮服务，厨房和服务员容易产生厌倦感。

2. 循环性主题宴会菜单

循环性主题宴会菜单是指以一定天数为周期循环使用的菜单。循环周期为7~21天。使用循环性菜单的餐厅应根据一定的周期制定不同规格、不同档次、不同内容的宴会菜单，确保在一定周期内，每天的菜单都不一样，当这套菜单从头到尾用了一遍后，就算结束一个周期，然后再周而复始继续使用这套菜单。

循环菜单较易设计得丰富多彩，客人与员工都不会感到菜品单调，客人对菜品的需求容易得到满足。这种菜单的不足之处在于不能迅速适应市场需求的变化；不能反映原料供应的季节性变化；不能根据时令菜的上市或下市迅速变换菜单；在生产流程和人力安排方面比较复杂；库存原料品种多，剩余食品不易处理；编制和印刷菜单费用较高。

3. 即时性主题宴会菜单

即时性主题宴会菜单是指根据客人的消费标准、饮食特点及酒店的资源情况，结合客人的需求即时制定的宴会菜单。这种菜单没有固定的模式，使用时效较短，灵活性强，能迅速适应客人口味需求和饮食习惯的变化，便于酒店根据季节和原料供应的变化及时变换菜单。这种菜单的不足之处在于菜品变化较大，给原材料采购、菜品生产、保持菜品质量稳定等方面带来一定的困难。

(二) 按主题宴会菜单格式分类

1. 提纲式主题宴会菜单

提纲式主题宴会菜单是指按照上菜顺序依次列出各种菜品的类别和名称，菜品名称清晰分行、整齐排列的菜单。采用这类菜单时，关于菜品所用的原材料以及其他说明往往用附表作为补充。在宴会摆台时，这类菜单可以放置在台面上，既有助于客人熟悉宴会菜品，又能充当装饰品和纪念品，酒店平时使用的菜单多属于这种类型。

2. 表格式主题宴会菜单

表格式主题宴会菜单既按上菜顺序分门别类地列出所有菜名，又在每一道菜名的后面列出主要原料、烹制方法、味型、色泽、刀工、配套餐具、售价等内容。这种菜单属于酒店标准化菜单。厨师一看菜单，就知道如何选料、切配、加工、烹调、装盘、安排上菜顺序等，更容易确保菜品质量。客人看到这样的菜单，也容易选定自己想要的菜品。

三、主题宴会菜单编制程序

(一) 确定宴会标准

根据市场消费水平，确定不同的宴会标准。例如，1688元/桌，10人/桌。

(二) 确定菜单点菜数量

落实菜单结构，确定菜单点菜数量。

(三) 拟定菜单菜品品种

根据原料情况，拟定菜单菜品。

(四) 确定菜单菜品品种

结合技术力量和设备用具的实际情况，确定菜单菜品。

(五) 确定装盘规格

结合菜品特点，搭配菜品盛器，确定装盘规格。

(六) 列出清单

规定每道菜品用料，开出标准食谱，核算整桌成本，进行相应调整，按照上菜顺序排列，形成一整套菜品清单。

(七) 厨房部根据菜单开展培训

宴会预订员与行政总厨一同设计主题宴会菜单上的菜品，最后列出清单，行政总厨召集厨房部的厨师开会，详细讲解客人对宴会菜品色、香、味、形、养、器的要求，培训厨师，丰富其菜品加工工艺知识，提升其菜品烹制技能。

四、制作书面主题宴会菜单的方法

(一) 主题宴会菜单的内容编排

一张菜单通常由以下3个部分组成。

1. 宴会名称

根据宴会性质和类型为主题宴会命名，通常将宴会名称写在宴会菜单的上方中间位置。

2. 菜品名和价格

菜品名包括寓意名和写实名，两者都应列出。菜品的寓意名要文雅、引人深思，写在菜单左半部分，写实名写在右半部分。宴会菜单要注明每桌可食用的人数及整桌的价格，写在宴会菜单名称的后面；还要列出酒店加收的服务费，写在宴会菜单的底部中间位置；无须列出每道菜的价格。菜品名按照上菜顺序分门别类地排列，有横排和竖排两种，横排按类目编排，更适应现代人的识读习惯；竖排即按每道菜编排，具有古朴的韵味。

如果酒店采用表格式宴会菜单，不但要写出菜品名，还要在其后注释真实的质量成分，包括主要原料的名称、产地、等级、分量以及辅料名称、计价单位、味型、色泽、烹制方法、刀工、装盘、上菜顺序等内容，以便于厨房生产时参考。

3. 告示性信息

每张菜单都应提供一些告示性信息。告示性信息应简洁明了，一般包含4方面内容。

(1) 酒店的名称，通常列在封面上。

(2) 酒店的地址、电话和商标，一般列在菜单的封底。有的菜单还列出酒店在城市中的地理位置。

(3) 酒店的特色风味。如果酒店具有某些特色风味而又无法通过酒店名称来反映，可在宴会菜单封面的酒店名称下列明。

(4) 酒店经营时间，列在封面或封底。

(二) 主题宴会菜单的纸张

可选择轻薄型胶版纸或铜版纸来制作折叠型菜单卡，菜单封面应印有店名、店徽，内里为空白，再把印好的菜单贴在菜单卡背面。此外，常见的菜单还有为某次宴会专门印制的整体菜单(连同封皮)，以及为了达成促销目的而用精美的纸张印刷的彩色菜单。

(三) 主题宴会菜单的尺寸

通常情况下，单页菜单尺寸为30厘米×40厘米，对折式双页菜单合上的尺寸为25厘米×35厘米，三折式菜单合上的尺寸为20厘米×35厘米。

菜单应保持一定的留白，这样会使字体突出、易读，避免杂乱。

菜单纸的折叠方法较多，最简单的方法是把一张纸从中间对折，还可以把菜单切成各种几何图形和一些不规则形状。

菜单不一定都采用平面设计，也可以制成立体样式。菜单的样式应与宴会厅风格相协调，菜单的大小应与宴会厅的面积、餐桌的大小和座位空间的大小相协调，有一定规律可循。

(四) 主题宴会菜单的文字

菜单中文字所占篇幅应为菜单面积的50%。菜单四边的空白宽度应相等，左边首字应对齐。菜单是借助文字向客人传递信息的，因此文字介绍应该做到描述详尽，令人读后增加食欲，从而起到促销菜品的作用。

要设计、装帧一份阅读方便和具有吸引力的菜单，使用合适的字体是非常重要的。仿宋体、黑体常被用作菜单正文，隶书常用作菜品类别的标题说明。菜单应有相应的译文说明，一般用中、英两种文字。英文说明采用印刷体，字号用二号字或三号字，其中，三号字较为常见。

(五) 主题宴会菜单的颜色

菜单颜色具有装饰作用，可使菜单更具吸引力，令人产生阅读兴趣，能起到推销菜品的作用，还能突出宴会厅的风格和气氛。菜单的颜色要与宴会厅的环境、餐桌和餐具的颜色相协调。菜单颜色能增强美感和推销效果，但色彩越多，印刷成本越高，所以不宜用过多的颜色。一般情况下，鲜艳的大色块、彩色标题、彩色插图较适用于快餐厅的菜单；以淡雅优美的色彩，如浅褐、米黄、淡灰、天蓝为基调设计的菜单，能使人觉得有档次，适用于高档餐厅。对于重点推销的菜品以及特色菜品，可在菜单上呈现彩色照片，再配上菜名及介绍文字，可起到推销作用。尽管全彩印刷的费用比单色或双色印刷的费用高出很多(约为35%)，但一张优质的彩色照片胜过千言万语，能真实地展现令人食欲大增的菜品，能为菜单增加美观度，能促使客人加快订菜速度，而且许多菜品、饮料只能通过彩色照片显示其质量。

(六) 主题宴会菜单的封面和封底

封面是菜单的门面，设计精良、色彩丰富、得体、漂亮、实用的封面往往能展示酒店的形象，代表酒店的经营水平。首先，封面的图案应体现酒店经营特色；其次，封面应列出酒店名称、特色风味；最后，封底应注明酒店营业时间、联系电话、地址、商标等信息。

知识链接——主题宴会菜品及菜单设计

1. 主题宴会菜品知识

中餐主题宴会菜品具有烹制方法多样，用料广泛、选料讲究，刀工精细、刀法多样，调味丰富、突出特味，精用火候，盛装讲究、盛装器皿品种多样等特点。中国菜系由地方菜、官府菜、宫廷菜、民族风味菜和有宗教意义的清真菜和素菜组成。西餐主题宴会菜品具有菜品原料多样、调味清淡、多带奶油味、菜品鲜嫩、酒菜严格搭配等特点。西方菜系包括法式、英式、意式、德式、美式和俄式六大菜系。

2. 中餐主题宴会菜品设计

中餐主题宴会菜品由手碟、冷菜、热菜、汤、点心、甜品、主食、水果组成。

中餐主题宴会设计方法：合理分配菜品成本；确立核心菜品，配备辅助菜品；合理安排各种口味的菜品；突出主要菜系的特色烹调方法；考虑菜品数量结构；考虑营养搭配；按照上菜顺序排菜。

3. 西餐主题宴会菜品设计

西餐主题宴会菜品由开胃菜、主菜、甜点、饮料4部分组成。西餐主题宴会通常包括餐前鸡尾酒会、正餐、餐后酒会3个阶段。正餐有头盘、汤、副菜、主菜、沙拉、甜点6道。冷菜成本占宴会菜品总成本的20%，汤和热菜成本共占宴会菜品总成本的60%，其他菜品成本占宴会菜品总成本的20%。西餐正餐主题宴会菜品类别与盛器的搭配都有严格的规定。

4. 主题宴会菜单设计

宴会菜单按市场特点分为固定菜单、循环菜单以及即时性菜单；按照主题宴会菜单格式可分为提纲式菜单和表格式菜单。菜单内容通常包括4部分，即宴会名称、菜品名、价格以及告示性信息。

项目五 ▶ 主题宴会设计与销售

任务实施

目标：根据所学内容制定一套中(西)餐主题宴会方案；根据主题宴会方案设计菜单；根据主题宴会方案完成主题宴会摆台及台面布置。

要求：能够按照规范完成方案制定、菜单设计、摆台及台面布置，操作熟练、标准。

工具：餐桌、餐巾、桌布、菜单及全套中西餐宴会餐具。

场地：实训室。

评估：由实训教师根据实际情况，在表5-2中打分。

表5-2 主题宴会设计技能考核表

学生姓名：　　　　　　　　　　　　　　　　考核时间：

项目	项目评分细则	分值	得分
仪容仪态(10分)	制服干净整洁，熨烫挺括合身，符合行业标准	1	
	工作鞋干净，符合行业标准	1	
	具有较高标准的卫生习惯，男士修面，胡须修理整齐；女士化淡妆	1	
	身体部位没有可见标记；不佩戴过于醒目的饰物；指甲干净整齐，不涂有色指甲油	1	
	发型合适，符合职业要求	1	
	站姿、走姿不标准，仪态未能展示工作任务所需的自信	0	
	所有工作中的站姿、走姿一般，执行有挑战性的工作任务时仪态较差	1	
	所有工作中的站姿、走姿良好，表现较专业，但是仍有瑕疵	3	
	所有工作中的站姿、走姿优美，表现非常专业	5	
宴会摆台(30分)	巡视工作环境，进行安全及环保检查	0.5	
	检查服务用品，工作台物品摆放正确	0.5	
	台布平整，凸缝朝向正、副主人位	1	
	台布下垂均等	1	
	装饰布平整，四周下垂均等	1	
	从主人位开始拉椅	1	
	座位中心与餐碟中心对齐	1	
	餐椅之间距离均等	1	
	餐椅座面边缘与台布下垂部分相切	1	
	餐碟间距离均等	1	
	相对餐碟、餐桌中心、椅背中心成一条直线	1	
	餐碟距桌沿1.5厘米	1	
	拿取餐碟手法正确、卫生(手拿餐碟边沿部分)	1	
	味碟位于餐碟正上方，相距1厘米	1	
	汤碗位于味碟左侧，与味碟在一条直线上，汤碗、汤勺摆放正确、美观	1	
	筷架位于餐碟右边，位于筷子上部三分之一处	1	
	将筷子、长柄勺搁摆在筷架上，与餐碟距离均等	1	
	筷子的筷尾距餐桌沿1.5厘米，筷套正面朝上	1	

(续表)

项目	项目评分细则	分值	得分
宴会摆台(30分)	牙签位于长柄勺和筷子之间,牙签套正面朝上,底部与长柄勺齐平	1	
	将葡萄酒杯摆在味碟正上方2厘米	1	
	将白酒杯摆在葡萄酒杯的右侧,将水杯摆葡萄酒杯的左侧,杯肚间隔1厘米	1	
	三杯成斜直线	1	
	摆杯手法正确、卫生(手拿杯柄或杯子中下部)	1	
	使用托盘操作(台布、桌裙或装饰布、花瓶或其他装饰物和主题名称牌除外)	1	
	按照顺时针方向操作	1	
	操作中物品无掉落	1	
	操作中物品无碰倒	1	
	操作中物品无遗漏	1	
	操作不熟练,有重大操作失误,整体表现差,美观度较差,选手精神不饱满	0	
	操作较熟练,有明显失误,整体表现一般,美观度一般,选手精神较饱满	1	
	操作较熟练,无明显失误,整体表现较好,美观度优良,选手精神较饱满	2	
	操作很熟练,无任何失误,整体表现优秀,美观度高,选手精神饱满	3	
餐巾折花(10分)	餐巾平整,无折痕	1	
	花型突出主位	1	
	使用托盘摆放餐巾	1	
	餐巾折花手法正确,操作卫生	2	
	花型不美观,整体不挺括,与主题无关,无创意	0	
	花型欠美观,整体不够挺括,与主题关联度低,缺少创意	1	
	花型较美观,整体较挺括,与主题有关联,有创意	3	
	花型美观,整体挺括、和谐,突显主题,有创意	5	
主题创意设计(40分)	台面物品、布草(含台布、餐巾、椅套等)的质地环保,符合酒店经营实际	5	
	台面布草色彩、图案与主题相呼应	5	
	现场制作台面中心主题装饰物,有创意	10	
	中心主题装饰物规格与餐桌比例协调,不影响客人餐中交流	5	
	选手服装与台面主题创意呼应、协调	5	
	中心主题装饰物创意新颖性差,外形美观度差,观赏性差,文化性差	0	
	中心主题装饰物创意新颖性一般,外形美观度一般,观赏性一般,文化性一般	1	
	中心主题装饰物创意较新颖,外形较美观,具有较强的观赏性和文化性	3	
	中心主题装饰物创意十分新颖,外形十分美观,具有很强的观赏性和文化性	5	

项目五 ▶ 主题宴会设计与销售

(续表)

项目	项目评分细则	分值	得分
主题创意设计(40分)	整体设计不符合选定主题,整体效果较差,不符合酒店经营实际,应用价值低	0	
	整体依据选定主题进行设计,整体效果一般,基本符合酒店经营实际,具有一定的应用价值	1	
	整体依据选定主题进行设计,整体效果较好,符合酒店经营实际,具有较高的市场推广价值	3	
	整体依据选定主题进行设计,整体效果优秀,完全符合酒店经营实际,具有很高的市场推广价值	5	
菜单设计(10分)	菜单设计的各要素(如颜色、背景图案、字体、字号等)与主题一致	1	
	菜品设计能充分考虑成本因素,符合酒店经营实际	1	
	菜品设计注重食材选择,体现鲜明的主题特色和文化特色	1	
	菜单外形设计富有创意,样式新颖	2	
	菜品设计(菜品搭配、数量及名称)合理,符合主题	2	
	菜单设计整体创意较差,艺术性较差,文化性较差,设计水平低,不具有可推广性	0	
	菜单设计整体创意一般,艺术性一般,文化性一般,设计水平一般,具有一定的推广性	1	
	菜单设计整体较有创意,较有艺术性,较有文化性较高,设计水平较高,具有较强的推广性	2	
	菜单设计整体富有创意,富有艺术性,文化性高,设计水平高,具有很强的推广性	3	
主题创意说明书(10分)	设计精美,图文并茂,材质精良,制作考究	1	
	文字表达简练、清晰、优美,能够准确阐述主题	2	
	创意说明书制作与整体设计主题呼应,协调一致	2	
	创意说明书结构混乱,层次不清楚,逻辑不严密	0	
	创意说明书结构欠合理,层次欠清楚,逻辑欠严密	1	
	创意说明书总体结构较合理,层次较清楚,逻辑较严密	3	
	创意说明书总体结构十分合理,层次十分清楚,逻辑十分严密	5	
合计		100	

主题宴会销售(中文)

主题宴会销售(英文)

课堂笔记

任务四　主题宴会销售

学习心得

课外拓展

一、接受主题宴会预订

接受主题宴会预订也称宴会预约,宴会预约是指客人有意预约宴会,但尚未做出最后决定,属于对宴会的暂时性确认。暂时性确认的宴会预订包括三种情况:一是客人处于询问和了解宴会情况的阶段,如不及时预订,宴会厅将会被他人订满；二是对宴会情况已经了解，在费用和宴会厅地点方面还在进行比较和选择；三是客人心仪的宴会厅没有客人期望的档期，无法确定其他日期或时间。

(一) 填写宴会预订单

酒店接受客人的宴会预订后，服务员应填写宴会预订单，主要包括如下内容。

(1) 宴会预订人姓名，即来酒店预订宴会的客人姓名。

(2) 宴会主办单位名称、联络人姓名及头衔、地址、联络电话、传真。有时联络人与宴会预订人为同一人。

(3) 宴会类型，如庆祝宴、招待宴、表彰宴、答谢宴、丧宴、生日宴、寿宴、商务宴、同学聚会宴、欢迎宴等。

(4) 宴会举办日期、宴会开始时间及计划安排的宴会厅名称。宴会举办日期是指举办宴会的具体日期。宴会开始时间是指宴会开始的具体时间，如婚宴一般在上午9时58分举行。宴会厅名称是指举办宴会的具体地点。

(5) 预计人数，即估计出席的人数。最低桌数，即最低保证桌数。该项信息要在规定的最短时间内确定，最迟应在宴会开始前的24小时内确定。

(6) 付款方式，又称结账方式，包括现金支付、信用卡支付、支票结账等。

(7) 预订金额，一般为总费用的10%～15%。

(8) 宴会各项费用开支和总计额。该项主要包括预订桌数的菜品总费用、15%的服务费、酒水消费额、酒水开瓶费、宴会厅租赁费及10%的服务费、宴会厅租赁延时费、电器器材租赁费、餐桌与讲台以及接待台装饰费用、布置宴会场景的材料费、停车车位费、停车延时费等。

(9) 宴会形式、场地布置及所用设备。宴会形式包括每10人围一圆桌的围宴、自助餐、鸡尾酒会、冷餐酒会等。场地布置包括确定台型，摆放餐桌椅，布置背景墙、放置讲台、接待台、蛋糕台、抽奖箱、杯塔台、路引花、立式花盆、长台花、圆台花、花篮、气球，悬挂横幅、广告牌、字画，摆设屏风、白板及白板笔、背景板、指示牌等。所用设备包括空调、投影仪及屏幕、录像机、聚光灯、麦克风、插排等。

(10) 宴会菜单及酒水要求，即客人提出的宴会菜品名称及酒水名称。

(11) 接受预订的日期、经办人姓名。接受预订的日期为填写宴会通知单的日期。经办人指的是预订员或与客人洽谈预订事宜的酒店接待员。

(12) 合同类型、备注、编号。明确合同类型，写明其他注意事项，并为该预订编号。宴会预订单一式两份，一份存根，另一份送到销售部通知预订确认。宴会预订单如表5-3所示。

项目五 ▶ 主题宴会设计与销售

表5-3　宴会预订单

宴会编号：

预订日期		预订人姓名	
地址		联系方式	
单位		预订宴会厅名	
宴会名称		宴会类别	
预订人数		最低桌数	
宴会费用		菜品人均费用	
		酒水人均费用	
具体要求	宴会菜单		酒水	
	宴会布置	台型 主桌型	场地 设备	
一般要求	投影仪	幻灯机	签到台	……
确认签字			结账方式	预收定金
处理				承办人

(二) 填写宴会预订安排日记本

宴会预订安排日记本是宴会部根据宴会活动场地设计的，它的作用是记录宴会预订情况，供预订人员在受理预订时核查预订信息。预订人员受理预订时，首先需问清客人宴请日期、时间、人数、形式等，然后从日记本上查明各宴会厅的状况，最后在日记本上填写相关事宜。在营业时间内，宴会预订安排日记本必须始终置放在预订工作台上，营业结束后必须妥善保管。宴会预订安排日记本如表5-4所示，一般一日一页，主要项目包括：宴请活动的日期和时间；宴请活动名称；客户的电话号码；宴请活动的类型；出席人数和宴会厅名称；注明是已经确认的预订还是暂时预订。

表5-4　宴会预订安排日记本

预订员：　　　　　　　　　　　　　　　　　　　　　　　　　日期：

宴会厅1	宴会厅2	宴会厅3
早：宴请名称 人数： 时间：　时至　时 联系人电话： 单位名： 收费：	早：宴请名称 人数： 时间：　时至　时 联系人电话： 单位名： 收费：	早：宴请名称 人数： 时间：　时至　时 联系人电话： 单位名： 收费：
中：宴请名称 人数： 时间：　时至　时 联系人电话： 单位名： 收费：	中：宴请名称 人数： 时间：　时至　时 联系人电话： 单位名： 收费：	中：宴请名称 人数： 时间：　时至　时 联系人电话： 单位名： 收费：
晚：宴请名称 人数： 时间：　时至　时 联系人电话： 单位名： 收费：	晚：宴请名称 人数： 时间：　时至　时 联系人电话： 单位名： 收费：	晚：宴请名称 人数： 时间：　时至　时 联系人电话： 单位名： 收费：

二、主题宴会跟踪查询

如果是提前较长时间的预订，预订人员应密切跟踪查询，主动通过信函或电话与客人保持联系，直到客人下订单为止。这是因为大多数客人在正式确认预订前，可能还会就菜单、价格、场地、环境等方面与其他饭店进行比较，之后再答复酒店，因此预订人员务必详细记录每次与客人洽谈的结果，除存档备查外，也需准确无误地将资料转达给其他相关人员，这样方能确保宴会预订的成功。

如果预订宴会提前的时间不长，那么预订人员更应该抓紧时间跟进客人，主动打电话询问客人是否能尽快确认宴会是否举办。如果客人能够确认，预订人员就要着手进行下一步工作；如果客人无法确认，要问清原因，及时给客人满意的答复。

三、主题宴会预订正式确认与销售

如果主办单位或个人确认在本酒店举办宴会，即为确定性宴会预订。此时预订人员除了要在宴会预订安排日记本上用红笔标明"确认"，还应填写宴会预订确认书送交客人，与客人签订宴会合同书，收取宴会预订金。

（一）填写宴会预订确认书

宴会预订确认书如表5-5所示，其内容可摘录宴会预订单上的相关项目内容，一般包括宴会名称、宴会举办日期和起止时间、宴会厅名称、宴会人数、宴会预算及其他。

表5-5　宴会预订确认书

×××先生(女士)：
　　承蒙惠顾，不胜感谢。
　　对于您所预订的宴会，我们正在按下列预订要求认真准备，如有不妥之处或新的要求，请随时提出，我们愿为您竭诚服务。
　　　　　　　　　　　　　　　　　　　　　　　×××饭店宴会经理：×××
　　一、宴会名称：
　　二、联系电话：
　　三、宴会举办日期及时间：　　年　月　日星期　晚　时　分至　时　分
　　四、宴会人数：
　　五、宴会形式：
　　六、宴会预算：
　　七、宴会厅名称：
　　八、其他：

（二）签订宴会合同书

虽然预订人员已经记下客人的所有要求，但是客人日后极有可能改变主意。所以，预订人员必须将双方达成一致的事项记录在合同上并请客人签字确

认，以保障客人与饭店双方的权利。宴会合同书如表5-6所示。

表5-6　宴会合同书

本合同是由 _____ 酒店(地址) _____ 与 _____ 单位(地址) _____ 为举办宴会活动所达成的，具体条款如下。 活动日期：_____ 活动地点：_____ 最低出席人数：_____ 预订人数：_____ 座位安排：_____ 菜单计划：_____ 饮料：_____ 娱乐设施：_____ 招牌：_____ 预付订金：_____ 付款方式：_____ 其他：_____ 顾客签名：_____ 酒店经办人签名：_____ 签约日期：_____ **注意事项：** 　　1. 宴会活动所有酒水由酒店提供。 　　2. 至少在宴会活动前48小时通知酒店确切人数，该人数将作为最低保证人数。 　　3. 宴会活动前一周客人需缴纳估计总费用的50%，其余50%应在宴请后一次付清。酒店如果没有收到预付款，将在3天内宣布合同无效。 　　4. 未经酒店同意，参加宴会活动的任何人不得把食品或饮料带进酒店。 　　5. 参加宴会活动的任何人造成酒店设施损坏，举办者应承担责任。 　　6. 以公司或单位名义在本合同上签字时，签字人必须拥有签字的权利，否则其个人对本合同的实施负责。 　　◎本宴会合同一式五联，一联客人保存，二联客人签名后收回，三联出纳留存，四联预订部留存，五联宴会部经理留存，经双方签字后生效。

如果客人没有时间亲自到酒店办理签约手续，预订人员可以通过书面传真或邮寄的方式将文件送至客人手中，请客人在合同书上签字，签妥后再请对方将文件传真或邮寄回酒店，以示郑重。为了确保宴会厅的正常运营，与客人签订合同是不容忽略的步骤之一。

如果酒店与设宴客人有其他事项需要说明，可将相关说明附于合同背面，常见的说明事项包括如下内容。

(1) 宴会桌(人)数应提前一星期确认，且确认的桌(人)数不得低于宴会预订单所确认的桌(人)数。若低于宴会预订单所确认的桌(人)数，则必须达到宴会厅限定的最低消费额。

(2) 宴会结束后，如果实际桌(人)数未达到确认桌(人)数，酒店仍按确认桌

(人)数收费。未消费的桌数，客人可于两周内补消费；若未消费的桌数超出确认桌数的1/10，则超出的桌数需按半价赔偿，且不得补消费。

(3) 凡是喜宴的账款，应于宴会结束当天以现金付清。原则上，喜宴不接受信用卡结款，更不受理支票签收。这项规定出自对宴会厅及客人自身利益的考虑。因为在喜宴当天，礼金势必带给客人许多现金收入，酒店要求以现金结款，既可帮客人分担携带大笔现金的风险，又可避免回款不及时的风险。

(4) 因故取消预订，已支付的订金不予退回；于宴会举办日前一周取消预订，应按"保证消费额的一半"补偿酒店的损失。

(5) 各种类型的宴会均严禁客人携带外食，自备酒水则酌情收取开瓶费。

(6) 预订婚宴的客人应自备喜糖、签名簿及礼金簿。瓜子等有壳类食品及口香糖等不易清理，严禁客人在店内食用。

(7) 布置花卉时，应将塑料布铺设在地毯上，以防水渍及花卉弄脏地毯。

(8) 不得于宴会活动场地燃放爆竹、烟花等易燃物，不得喷洒飘飘乐、金粉、亮光片等吸尘器无法清除的物品。

(9) 布置会场时，严禁使用钉枪、双面胶、图钉、螺丝钉等任何可能损伤会场装潢设备的物品。活动结束以后，应保持会场的完整，如损坏会场装潢或器材设备等，需负赔偿责任。

(10) 因活动需要运来的各项器材及物品，酒店仅提供场地放置，不负看管责任。

(11) 如宴会需要使用电器设备，主办人应事先与酒店协商安装事项。电费依现场实际配线情况及用电量收取。会前进场布置及电路配置事项应提前两周告知，以便酒店配合。一般小型电器可以直接使用宴会厅中设置的插头，不可擅自安装耗电量较高的电器，必须与酒店协商，以免造成危险。

(12) 如客人自带乐队，应提前一小时调试，如果酒店音响与乐队不匹配，影响音响效果，酒店不承担责任。

(13) 如客人当日未提供订金收据，订金金额不能冲抵账款；如客人他日来退订金，需出示本人有效身份证件。

(14) 婚庆典礼日期一经确认不予更改。

(三) 收取宴会订金

在签订合同时，为了确认宴会预订，以保障准备工作的顺利进行，酒店通常要求已确认日期的客人支付一定数量的订金。一般大型宴会的订金金额为总费用的10%～15%，有的饭店收取总费用的30%，重要的大型宴会收取总费用的50%。客人付完订金才表示该宴会可以开始筹备，否则大型宴会临时取消，会给酒店造成重大损失。因此，预收订金对酒店而言，实为一种自保方式，非常必要。

如果在预约宴会的客人付订金之前，另有其他客人欲订同一场地，预订人员应打电话给先预约的客人，询问其意愿：如果客人表示确实要使用该场地，就请他先到饭店预付订金，否则预订权将自动让于下一位预约客人。处理订金时有以下几点注意事项。

(1) 如果客人超过酒店规定的限期取消预订，订金不予退还；如果客人与酒店建立了良好的信用关系或是举办小型宴会，则不必付订金。

(2) 对于预订后届时不到的客人，按全价收费。

(3) 如果客人要取消预订，应在宴会举办前一个月通知酒店，此种处理方式不收任何费用；如果客人在宴会举办前一个星期通知取消，订金不予退还，酒店还要收取宴会总费用的5%作为罚金。

四、发布主题宴会通知单

宴会正式确认后，预订人员应对内发布一式若干份的宴会通知单，以告知各个部门在该宴会中应负责执行的工作。成功举办一场宴会需要靠许多部门通力合作，如果宴会通知单能够清楚地将所有工作事项列出来，对于成功举办宴会将大有裨益。

宴会通知单可称为相关工作部门的"工作订单"，如表5-7所示。宴会通知单通常采用表格形式，写明已知的客人预订信息，包括宴会名称、宴会举办日期、宴会入场时间、典礼时间、就餐时间、结束时间、宴会场地、联系人姓名、电话、传真、保证人数、预计人数、订单金额、收据单号等信息。在宴会通知单的中部，主要写明各部门应为本次宴会做的准备工作；在左边写出中餐厨房、西餐厨房应提供的菜品和宴会部应该做的准备工作；在右边写出与本次宴会有关的其他部门应做的准备工作，具体涉及工程部、客房部、保安部、管家部、花房、财务部、人力资源部、美工冰雕部、采购部等；在底部要列出宴会通知单的发送部门。各部门收到宴会通知单后，必须按照通知单上的要求做好准备工作。

表5-7 宴会通知单

发文日期：		订单编号：NO.YH001	
宴会举办日期：		订单金额：　　元	收据单号：
宴会名称：×××宴会		付款人： ×××	接洽人： ×××
联络人：×××先生(女士) 电话：××××××× 客户名称：　　　传真：×××××××		付款方式：	

(续表)

时间	类型	地点	保证人数	预计人数	人力资源部	
中/晚					美工冰雕部	
中餐厨房 西餐厨房	菜单附后				管家部	
宴会部	海报：				工程部	
					保安部	
花房					客房部	
酒吧					财务部	器材收费：
预订业务员：					宴会厅经理：×××	
发送部门：	□总经理　□餐饮部　□宴会部　□财务部　□工程部　□客房部 □西厨房　□中厨房　□管事部　□餐厅部　□保安部　□采购部 □花　房　□美工冰雕部　□其他					
附中餐(西餐)××宴菜单(每桌×××元，外加×%服务费)						
菜单						

最后，相关管理人员对宴会通知单的内容进行整理，形成宴会承办项目清单，各部门再根据清单做进一步的分工和准备。

五、主题宴会预订的变更与取消

(一) 主题宴会预订的变更

多数宴会需提前数个月预订完毕，从预订至举办期间难免发生变更。例如，客人有时候会对宴会细节稍作修改，如增减参加人数、改变台型等，而酒店方面有时也会发生变更。为适应这种临时变更，预订人员应当在宴会举办前一周，与客人再次确认宴会相关事项，将错误发生的可能性降至最低。在以电话或传真方式与客人确认后，如果没有需要变更的事项，一切准备工作即可依照宴会通知单的要求进行；若客人对宴会提出变更，预订人员应马上以宴会变更通知单的形式通知各相关部门。宴会变更通知单上应详细记载宴会原方案及修订后的变更项目，清楚地告知相关部门必须调整的工作项目。各部门依照变更内容来调整工作，合力满足客人的要求。使用宴会变更通知单明确传达宴会变更信息，相关部门便不能用未接到通知作为借口，因此能有效避免各部门互相推卸责任的情况发生。

宴会变更程序如下所述。

(1) 客人通过电话或面谈形式对已预订的宴会或其他活动事项进行变更。服务人员应热情接待，态度亲切。

(2) 详细了解客人变更的项目、原因，尽量满足客人要求。

(3) 认真记录变更内容，向客人说明有关项目变更后的处理原则。

(4) 尽快将处理信息反馈给客人，并向客人表示感谢。

(5) 认真填写宴会变更通知单，如表5-8所示，迅速将其送至有关部门，并请接收者签字。

表5-8 宴会变更通知单

发文日期：		宴会预订单编号：	
宴会名称：		场　　地：	
宴会举办日期：		联　络　人：	
变更项目 日期 时间 人数/桌数 【新菜单附后】	原计划		变更为
□其他变更项目　□增加项 宴会部经理签名：			
发送部门：	□总经理　□餐饮部　□宴会部　□财务部　□工程部　□客房部 □西厨房　□中厨房　□管事部　□餐厅部　□保安部　□采购部 □花房　　□美工冰雕部　□其他		

(6) 将变更事项及处理方法记录存档，并向经理汇报以便采取跟踪措施，争取客源。

(7) 检查变更事项的落实情况，处理变更费用收取等事宜。

(二) 主题宴会预订的取消

由于种种原因，客人可能会取消已预订的宴会。如客人要求取消宴会预订，应立即做好如下工作。

(1) 受理客人取消预订时，应尽量问清客人取消预订的原因，尽量挽留客人，这对改进今后的宴会推销工作是非常有帮助的。

(2) 在该宴会预订单上盖"取消"印，记录客人取消预订的日期和原因、取消人的姓名以及受理取消的宴会预订人员的姓名，然后将该宴会预订单存至规定的地方，及时通知相关部门。

(3) 如客人取消大型宴会、大型会议，应立即向宴会部经理报告。宴会部经理有责任向客人去函，对不能为其服务表示遗憾，并提出希望以后有机会合作。

(4) 如果某暂定的预订被取消，预订人员要填写取消宴会预订报告，如表5-9所示。

表5-9 取消宴会预订报告

公司名称：	联系人：
宴请或会议日期：	业务类型：
预订途径与日期：	
取消预订原因：	
报告(简明扼要的步骤)：	
进一步采取措施：	
	宴会经理签名：　　　　　　日期：

六、主题宴会预订的资料建档

建立宴会预订档案，按预订日期顺序排列，档案中填写宴会举办日期与时间、宴会活动名称、宴会举办单位、宴会规格、宴会活动地点等相关信息。涉及的资料有宴会预订单、宴会预订安排日记本、宴会预订确认书、宴会合同书、宴会通知单、宴会变更通知单、宴会菜单、宴会酒水单、宴会台面图及台面说明书、宴会台型设计图、宴会议程策划书、宴会场景设计说明书、宴会服务管理流程设计方案、宴会突发事件预案等。

在宴会预订工作结束后，预订人员应把所有表单及说明一并存入专设的客人宴会预订档案内，以便在酒店与客人发生纠纷时以这些资料作为证据。另外，对于每年固定举办宴会的公司或个人，酒店方更应该详细记录其历年宴会预订信息及举办情况，以便了解客人喜好的场地、场景、菜式、台型、台面、背景音乐、席间乐曲等信息，进而提供更优质的服务。如果客人以后需要改动某些项目，可以把宴会预订档案调出来作为参考，这样可以节省许多与客人沟通的时间。此外，除了建立宴会预订档案，还要建立宴会执行档案和宴会资料档案。

任务实施

目标：按照规范完成宴会预订工作。

方法：选手(每组2人)进入机考比赛现场，根据抽取的赛题，在电脑上完成预订回复函、服务方案设计及工单制作，并将作品保存在电脑桌面上，由工作人员打印后提交，比赛用时2小时。

要求：根据宴会预订函提供的信息，完成以下任务。

(1) 为客人写一份要素完整的预订回复函。

(2) 撰写一份服务接待方案(不少于1000字)。

(3) 制作一份宴会活动工单。

宴会预订函

尊敬的××酒店宴会预订部：

  我们计划于2022年6月3日18：00在贵店举办"白山滑雪运动协会年会"，拟预订中餐晚宴8桌，每桌10人，宴会活动预计持续2.5小时，预算大约每桌1800元。本次宴会需设主席台，配备音、视频设备，赴宴客人包括轮椅客人5位、儿童客人3位、全素食客人1位。我们在活动中计划播放"滑雪运动10年珍贵镜头"。

  烦请在收到此函后3日内与我确认预订详情，并请附上贵店为我们提供本次服务的具体方案。涉及此次宴会的有关事项请直接与我联系。谢谢！

联系人：李军
联系电话：×××××××××××

资料来源：2022年全国职业院校技能大赛高职组"餐厅服务"赛项赛卷A卷

学习法宝 思维导图

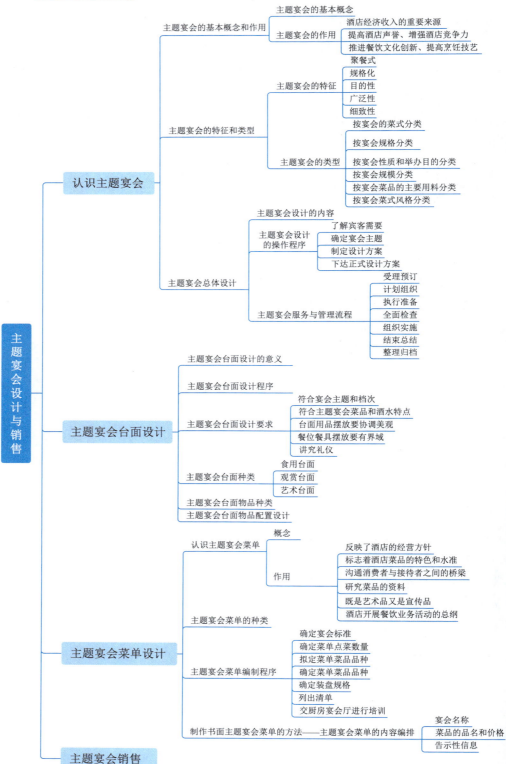

项目五 ▶ 主题宴会设计与销售

| 项目 | • 主题宴会设计与销售 | 日期 | • |

| 标题 | • |

关键词	笔记内容
1.	1.
2.	2.
3.	3.

备注
1.
2.
3.

一、填空题

1. 主题宴会既不同于零点餐饮，又有别于普通的聚餐，它具有_____、_____、_____、_____、_____这5个鲜明的特征。

2. _____是宴会设计的核心。

3. 按照用途，主题宴会台面可分为_____、_____、_____。

二、简答题

1. 简述主题宴会的作用。

2. 主题宴会设计包括哪些内容？

3. 简述主题宴会菜单的编制程序。

157

项目六　餐饮数字化运营

在"互联网+"时代，每个行业都面临着新的机遇和挑战，餐饮行业也不例外。餐饮企业只有顺势而为，把握机遇，实施餐饮数字化运营，才能不被时代淘汰，实现更大的创收突破。如今，顾客的消费习惯、了解信息的渠道已经改变，餐饮企业的运营方式也要发生改变。餐饮企业开展数字化运营可以更直接、清晰地捕捉顾客的消费行为，获取运营数据，进而做出相应的战略调整，还可以降低获客成本，拓展客源。

·课程思政·

餐饮行业是关系着我国经济发展和民生消费的重要产业，提质增效是当前餐饮行业高质量发展的关键。近年来，数字技术愈发凸显其广泛赋能的通用性价值，基于此，餐饮行业应当正确认识并选择数字化模式，加大数字化人才培养和引进力度，贯彻落实习近平总书记在党的二十大报告中提出的"构建优质高效的服务业新体系，推动现代服务业同先进制造业、现代农业深度融合"，不断学习信息技术，适应数字化运营的要求，跟上数字经济发展的步伐，从而实现数字转型深化和高质量发展。

·学习目标·

(1) 了解餐饮服务与数字化运营的关系。
(2) 正确认识数字化运营在餐饮行业中的地位和作用。

项目六 ▶ 餐饮数字化运营

(3) 掌握餐饮服务数字化运营的工作要领。

·学习重点·

(1) 数字化运营在酒店餐饮业中的地位和作用。
(2) 如何利用数字化开展工作。

·学习难点·

(1) 餐饮数字化的特点。
(2) 餐饮服务与数字化运营的利弊关系。

情境导入——客人的"预订"

一天中午，餐厅预订电话响起，预订员小王拿起电话说道："您好，这里是××酒店中餐厅。请问，需要为您提供什么服务？"客人回答："您好，我刚才在'×××'团购了一个168元的套餐，大约一小时后到餐厅，总共3个人。我们赶时间，希望餐厅提前给我们备菜，为我们预留一个位置。"小王回答："好的。"客人挂断电话后，小王正要记录本次预订，便有同事过来让她先去吃午餐。小王想了想，客人在一小时后才能到，今天不是节假日，客人不多，肯定有空位，快点吃完饭回来再安排也来得及，于是她就先去吃饭了。

结果，小王离岗没多久，客人就到了餐厅。客人询问其他服务员："你好，刚才我们通过电话预订了午餐，请问给我们准备好了没有？我们应该坐在哪里？"值班服务员听了客人的话，忙去查预订记录，但并未查到，于是对客人说："对不起，我没有接到电话，记录本上也没有记录，也没有人通知我，我不知道有这回事。"客人听后非常生气，正想找餐厅经理投诉，小王急匆匆赶了过来，了解情况后赶紧向客人道歉，并请客人入座。客人问道："我们点的菜呢？"小王说："请稍等，我马上通知厨房为你们备菜。"客人很生气："你这个人怎么回事？我让你提前备菜，你却告诉我们正在备菜，那我刚才的预订有意义吗？我不是告诉过你我们赶时间吗？"客人开始闹起来，一定要让餐厅经理出来给他们一个合理的解释。最后餐厅经理只好协调厨房先做这桌客人的菜，以最快速度让客人就餐，客人看到餐厅经理如此诚恳，表示不再投诉。

情境分析

客人通过电话预订时,预订员与客人进行准确的沟通是非常重要的。本案例中,预订员在工作中存在如下几个问题。第一个问题是沟通不当,理解有误。客人预订的出发点不只是预订一个位置,还希望餐厅能提前准备好饭菜,减少等待时间,而预订员小王却理解为客人只是需要预订一个位置。第二个问题是预订员小王没有及时做好准备。客人说大约一小时后到餐厅,预订员小王应尽快落实客人的预订,保证客人抵达后能享受到相应的服务,即便有事离开岗位也要与同事做好工作交接,以免出现意外。第三个问题是值班服务员缺乏语言沟通的艺术性。服务员不能随便对客人说"不",在没有问清楚事情经过的情况下就把责任推给客人,很容易引起客人的不满和投诉。

餐饮业发展趋势(中文)

餐饮业发展趋势(英文)

任务一 餐饮业发展趋势

随着大众消费的不断升级,饮食除了具有满足人们口腹之欲的功能外,还成为一种集体验化、智慧化、健康化和时尚化于一体的生活方式。在此背景下,我国餐饮业呈现独有的发展趋势。

1978年,我国餐饮业收入54.8亿元,1983年突破百亿元,1994年突破千亿元,2006年突破万亿元,2011年超过2万亿元,2015年超过3万亿元,2018年超过4万亿元,达到4.27万亿元,比1978年增长近780倍,复合增长率高达18.1%,我国餐饮市场已经成为仅次于美国的世界第二大餐饮市场。以1978年我国餐饮业收入为基点,我国餐饮业收入突破1万亿元历时28年,从1万亿元增长到2万亿元历时5年,而从2万亿元增长到3万亿元仅用3年,再增长到4万亿元也只经过3年。2017—2019年,我国餐饮业年复合增长率达到9.88%,高于同期GDP增速。2020年,我国餐饮业收入39 527亿元,同比下降16.6%。2023年,我国餐饮业整体增速明显,其中12月份全国餐饮业总收入5405亿元,同比增长30%,其中限额以上单位餐饮收入1252亿元,同比增长37.7%。2023年,我国餐饮业全年收入52 890亿元,增长20.4%,其中限额以上单位餐饮收入13 356亿元,同比增长20.9%,餐饮业收入增速领跑其他行业。

一、高端餐饮发展受阻，大众化餐饮广受欢迎

随着国家相关政策的出台，公务接待、公款消费直线下降，高端餐饮发展受阻，面临转型。然而，受市场框架限制、物价飙升，以及租金、劳动力成本日益增加的影响，餐饮企业转型压力较大。

随着消费大众化时代的到来，大众餐饮由于具有需求刚性的特点，在市场中表现出越来越强的活力，也成为整个餐饮行业繁荣回暖的中坚力量。

二、"互联网+"餐饮迅猛发展，营销渠道越来越多样

随着国内互联网技术的飞速发展，各行各业都呈现出与互联网融合发展的趋势，餐饮业也不例外。"互联网+"餐饮呈现强劲的发展势头，市场中涌现大量第三方线上餐饮平台，比如大众点评、美团、饿了么等。微博营销、微信营销等自媒体营销手段逐渐取代传统营销方式，各类餐饮应用(App)应运而生，餐饮线上业务占比越来越重。在2020年新冠疫情期间，外卖份额快速增长，甚至一度超过堂食。此外，食品外带和零售化趋势也越来越明显，餐饮业呈现多渠道、全时段、场景化发展趋势。

三、连锁品牌经营优势凸显，成为发展大势

在竞争越来越激烈的餐饮市场中，连锁化经营展现出强劲的生命力和发展潜力，众多餐饮企业纷纷走上连锁化发展的道路。这些企业重视品牌优势的塑造，通过连锁经营的方式进行扩张，快餐、外卖、火锅连锁店、团餐企业发展迅速，连锁化经营成为许多餐饮企业的主要经营模式。国家高度重视餐饮企业的连锁化发展，特色餐馆连锁经营、快餐送餐连锁经营已被国家经贸委列入国债贴息项目给予重点支持。国家市场监督管理总局、财政部、国家税务总局等相关部门也制定了专门的政策，引导餐饮连锁经营的健康发展。

四、小而精的轻餐饮将扮演越来越重要的角色

随着餐饮市场的蓬勃发展，消费者也更加成熟和理性，他们对于品牌店、特色店和名牌餐饮企业的追求越来越强烈。同时，市场上可供消费者选择的餐饮企业和产品门类也越来越多，餐饮市场的竞争异常激烈。

为避免同质化竞争，许多餐饮企业出于压低成本和迎合消费者需求的目的开始走"小而精"的经营路线，小门店、小经营、精设计、精菜品的运营模式越来越多。在简约、高品质的餐饮消费需求日益增长的背景下，单品店面临更好的发展机遇，小而精的轻餐饮将扮演越来越重要的角色，成为餐饮业发展趋势之一。

五、与科技结合，餐厅智能化升级

随着互联网及智能技术的应用和发展，餐饮行业与智能技术的融合也越来越紧密，越来越多的互联网智能餐厅出现在市场中，从线上推广、线上选座、线上下单、智能传递到最终完成手机支付，消费者可以在线上完成从餐前到餐后的整个用餐流程。

互联网餐厅不仅在降低人工成本和提高工作效率方面具有无可比拟的优势，从营销层面来讲，它也更容易引起消费者的关注。未来，我国智能餐饮市场必将会有更大的发展空间。伴随信息技术出现的餐饮产业互联网平台打破了餐饮企业运营和顾客消费的时空限制，联通了原料供应端、产品生产端和顾客消费端，更易形成规模化市场，提高餐饮产业的整体发展水平。互联网更有利于餐饮企业的多边市场发展，在面向消费者这一端，除了餐饮外卖平台外，还有餐饮订位平台、餐饮点餐平台、餐饮支付平台、餐饮评价平台等专业平台，以及集这些服务于一体的餐饮综合性平台；在面向生产者这一端，主要有互联网餐饮供应链平台和互联网餐饮信息化平台等。这些平台的出现可以提高餐饮产业的发展水平，还可以积累海量的数据，为餐饮企业实现精准营销、生产高质量产品和提供高质量服务提供支持。

物联网和智能技术推动餐饮产业智能化发展。面对餐饮业日益增长的人工成本和租金成本，利用科技来降低成本是解决问题的有效路径。随着物联网和智能技术应用的日益普及，厨师机器人、服务机器人、智能识别等科技应用推动了智能餐厅、无人餐厅的快速发展，当前这些"新式餐厅"已经从概念阶段发展到实际应用阶段。

此外，3D、虚拟现实(virtual reality，VR)、增强现实(augmented reality，AR)技术不断推动产品和服务创新发展，从而推动了餐饮环境的改善和菜品的创新，消费者在获得味觉享受的同时，也获得了身临其境的餐饮视觉体验。

六、餐饮数字化

餐饮业是利用餐饮设施为客人提供餐饮实物产品和餐饮服务的生产经营性行业，它是一个古老而又充满活力且具有现代气息的行业。说它古老，是因为饮食是人类赖以生存的重要物质条件，人类饮食的发展同人类本身的发展一样历史悠久，餐饮催生了人类的文明；说它充满活力，是因为伴随着历史的推进，餐饮品种日益增多，餐饮服务日臻精良，餐饮规模不断扩大，餐饮内涵越发丰富，餐饮行业积淀渐趋深厚；说它现代，是因为餐饮业越来越能体现健康、科学、积极、有益的就餐及生活方式。

在数字经济大潮下，餐饮业正在拥抱全新的数字化经营主场，不断打造新模式、新业态。数字化餐饮就是把餐饮业涉及的复杂多变的实体店业务信息，转化成可以衡量评估的客观数据，并对这些数据进行梳理与总结，推测未来的发展方向，提出需要解决的问题以及具体措施，使业务更加精准，从而优化行业发展。这个转变过程，即餐饮业的数字化转型。

随着餐饮业的数字化转型，消费者已经习惯数字化带来的便捷、高效、优质的服务。越来越多的餐饮业经营者投身于数字化领域的建设和创新之中，以满足消费者不断变化的消费习惯。例如，开发餐厅App和小程序，消费者可以更加方便快捷地下单支付，或下单预约，当消费者到达店里的时候，餐厅已经准备好餐食，消费者可以直接食用或者打包带走，大大节约了消费者等候的时间。此外，餐厅App和小程序提供积分、特别礼物兑换、优惠券兑换等功能，也非常受消费者欢迎。

餐饮创意营销和服务创新(中文)

餐饮创意营销和服务创新(英文)

任务实施

选取两个具体的餐饮品牌，分析其采用了哪些举措顺应行业趋势进行转型升级，并讨论这些举措的效果及餐饮品牌未来可能面临的挑战。

任务二　餐饮创意营销和服务创新

一、"互联网+"餐饮创意营销

餐饮行业采用传统四大营销方式(广告、营业推广、公共关系、人员推销)开展营销，需要突出餐饮产品的独特性，利用大众传媒(如电视、报纸、广播、杂志、户外广告、直邮广告、新媒体)的各种优势，如果能有效利用"互联网+"的创新创意能量，可以有效拓展餐饮行业营销空间。

如今，餐饮行业与新媒体的创新融合，已经深刻改变了人们的日常生活。餐饮企业通过餐饮网站、公众号、微博、微信、App、网店等开展餐饮营销创新已成为餐饮行业的发展趋势。

(一) 餐饮企业自建网站和微博、微信

网站、微博、微信是餐饮企业必不可少的"名片"，可用于宣传餐饮企业正面形象，全面规范并提炼餐饮企业经营风格、菜品特色和服务特点，并能保证食客通过地理位置检索周边美食时，容易找到店铺并在第一时间做出选择。但这些营销方式并不能保证生意红火，它们通常被作为互联网时代的辅助营销方式。诸如微博、微信这种自媒体能起到3个方面的作用，一是作为餐饮企业对外宣传窗

口；二是作为食客订餐平台；三是用于收集食客信息并反馈，以改进经营。

(二) 餐饮企业自媒体建设操作要点

餐饮企业自媒体建设有如下操作要点。

(1) 明确餐饮企业地理位置。

(2) 突出菜肴出品特点。

(3) 突出经营风格。

(4) 及时发布新品。

(5) 发布常规促销信息。

(6) 专门为自媒体用户设计促销信息。

(7) 展示餐饮企业风情风貌和日常经营活动，实现店家品牌人格化、生动化。

(8) 设置一定的回报条件，促进客人通过个人自媒体分享用餐体验，积极与客人互动，形成口碑宣传。

(三) 餐饮企业官方网站和自媒体的区别

建立餐饮企业官方网站属于被动式营销，需要等待食客查阅或检索；而运营官方自媒体(如微博、微信)属于主动式营销，餐饮企业通过灵活运营、主动宣传，可吸引食客前来消费。

(四) 根据互联网特点构建餐饮新型客户关系

1. 客户黏性打破地域限制

互联网能够打破地域限制，将其与餐饮业这类受地域限制的产业相融合更容易产生新奇效果。自媒体营销可以让食客产生强烈的好奇心，促使食客愿意从很远的地方专门来消费；可以缓解当今社会人与人之间的信任危机，形成互联网上"陌生人的诚信契约"，增强人与人之间的信任感；可以激发食客尝试新事物的欲望，从而挖掘餐饮市场潜力。

2. 客户社区的建立

互联网具有即时互动性，有助于餐饮企业通过自媒体建立客户社区，企业与食客通过频繁互动，构建较为稳定的客户关系。食客可分享、传播餐饮企业的信息吸引关注，餐饮企业可通过食客的反馈和用餐经验分享，快速找出需要改进之处。食客的留言通常比较系统、全面、可靠，餐饮企业及时给予正面回应并及时改善不完美服务，可增强客户黏性和归属感。

3. "客户体验官"带来的顺势变革

在过去，餐饮企业的经营指令一般是自上而下发布的，多以最高领导者或厨师长的经验为判断标准和依据。如今自媒体构建了新型客户关系，餐饮企业可顺势进行自下而上的变革，实现快速响应。这不仅能及时解决突发问题，增强客户黏性,还有利于重新梳理、归纳问题,建立数据库,将餐饮企业的经营常态反馈给上层管理者,最终形成刚性决策。自媒体实际上扮演了"客户体验官"的角色,价值巨大。

近年来,餐饮营销创新形式丰富、创意新颖,出现了众筹模式(含咖啡馆、餐馆、酒吧、净菜供应平台等)、餐饮培训教室模式、商学院与体验餐厅结合模式、食品生产观光工厂模式、"吃播秀"等。这些餐饮营销创新模式在餐饮营销中起到了积极的推进作用,但究竟能"走多远、走多久",是昙花一现还是百年长青,还有待观察。

(五) 智慧餐饮

智慧餐饮是指利用现代科技手段,实现餐饮业的数字化转型,以提升客人体验和提高经营效率为目的的一种新型餐饮服务。智慧餐饮的出现基于数字时代智能硬件的发展,它是餐饮行业市场竞争的产物。

1. 数字化转型

随着互联网与餐饮业的融合,客人的餐饮需求也在不断提高,传统的餐饮模式已经不能满足客人的多元化需求。数字化转型有助于餐饮企业提供更好的服务,从而提升客户体验。

数字化的餐饮模式可以让客人更加方便地享受餐饮服务,比如智能点菜、自助取餐、线上支付等服务方式,不仅能提升客人的用餐体验,还能充分体现餐饮企业的服务优势。

智慧餐饮模式的兴起让人们直观地看到,数字技术与互联网已经广泛应用于餐饮业。餐饮企业通过数字化转型可以实现智慧化管理,还可以实现资源整合、数据分析、营销推广、员工效率提高等目标。在当前餐饮市场竞争激烈的情况下,餐饮企业可以通过数字化转型加快发展节奏,实现科技数据化和效益最大化的经营目标,占据市场优势。

2. 智能餐饮硬件及软件助力

智能硬件是餐饮企业数字化转型的核心基础。根据实际情况,餐饮企业可以选择自助终端、智能云点餐系统、收银机等内置移动端应用的硬件设备。其中,自助终端能提供自助点餐、自助结账、自助取餐等服务。通过智能云点餐系统,客人可以利用手机或者微信扫码点餐。收银机可实现联动支付,从而减少人工干预,提高工作效率,节省人力成本。

智能化、高效化、舒适化的硬件设备能够给客人带来优质的用餐体验如能结合相关的软件应用,可进一步提升服务质量。例如,餐饮企业可以在硬件设备上安装智能控制系统,统计分析客人的消费倾向和用餐习惯,针对不同的客人进行个性化推荐,不断改善服务,从而增强客户黏性。

3. 营销手段的创新

数字时代的餐饮企业除了要紧跟硬件设备和软件技术的发展，还要在营销策略和服务质量方面进行升级。餐饮企业可以通过社交媒体和互联网平台开展在线促销、发放优惠券等活动，吸引客人消费。例如，餐饮企业可以推出生日特别优惠、VIP制度等，以提高客人的情感认同度和忠诚度；也可以通过与第三方服务平台合作开展活动来拓展市场，提高品牌知名度。

二、网络营销策略

(一) 网络营销的概念

网络营销是借助网络技术和网络渠道所进行的营销活动。餐饮企业网络营销不是简单应用网络技术，而是开展网络化的市场营销活动，通过各种途径使市场营销战略和策略在网络环境中得以综合体现，包括企业形象塑造、市场策略组合、预订销售、客户服务、市场调查、营销评估等各个方面。网络营销是餐饮企业整体营销体系的组成部分和分支，必须与总体营销目标保持一致，与各种传统营销手段互补协调。在此意义上，可以把网络营销定义为餐饮企业市场营销总体战略在网络环境中的具体体现与实施。

(二) 网络营销的特点

网络营销与传统营销的最大差异在于营销活动所凭借的中介媒体由传统的报刊、信件、电视广播等转换为新型的互联网络。网络营销具有全天候、跨国界、即时性、交互式、多媒体甚至富媒体、推式与拉式功能兼备等明显优于传统营销的特点。餐饮企业以网络为平台，在产品售前、售中、售后各环节开展全程市场营销活动，能够充分发挥网络技术优势和功能，最大限度地满足客户需求。

(三) 网络营销的优势

1. 传播范围广

网络传播不受时间和空间的限制，可全天候、不间断地将信息传播到世界各地。只要具备上网条件，任何人在任何地点都可以阅读网络广告。这是传统营销无法实现的。

2. 交互性强

交互性是互联网络媒体最大的优势，不同于传统营销的信息单向传播，网络营销可实现信息互动传播，客户可以获取他们认为有用的信息，餐饮企业也可以随时得到宝贵的客户反馈信息。

3. 针对性强

网络营销的受众群体具有年轻、有活力、受教育程度高、购买力强的特点，网络营销可以帮助餐饮企业直接命中潜在客户，实现精准营销。

4. 可准确统计受众数量

利用传统媒体做广告，餐饮企业很难准确知道有多少人接收到广告信息；而网络广告的访客流量可通过权威公正的统计系统精确统计，餐饮企业可分析每个广告被多少个客户看过，以及这些客户查阅的时间分布和地域分布，这些信息有助于餐饮企业正确评估广告效果，改进广告投放策略。

5. 实时、灵活、成本低

通过传统媒体发布的广告很难更改，即使可改动，往往也需要付出很大的经济代价；而网络广告能按照餐饮企业需要及时变更内容，即便餐饮企业经营策略发生变化，也能及时实施和推广。

6. 感官性强烈

网络广告的载体基本上是多媒体、超文本格式文件，受众可以了解更多关于产品的详细信息，甚至能亲身体验产品、服务与品牌。网络广告以图、文、声、像的形式传送多感官的信息，可以让客户身临其境地感受产品或服务，并能在网上预订、交易、结算，增强广告的实效。

(四) 网络营销的功能

网络营销的功能主要体现在以下几个方面。

1. 形象塑造

通过开展网络营销，餐饮企业可以在较短时间内树立和强化企业形象，并能在网站建设和网站展示过程中不断完善和提升企业形象。

网络营销的重点是网站推广，而网站是餐饮企业品牌的网络展示窗口，更多的人可以通过网站了解餐饮企业的产品和服务。从营销的角度来讲，网站不仅是展示餐饮企业品牌的网上窗口，更是塑造和提升餐饮企业品牌的重要营销工具。因此，餐饮企业网站必须有正确的市场定位，能够满足目标市场客户群体的需要，在网络展示方面应明显优于竞争对手，并且直观和易于使用。餐饮企业建设网站时，应突出网站方便的导航功能、完善的帮助系统、快捷的下载速度、简单友好的用户界面以及对搜索引擎友好的链接。

2. 信息沟通

餐饮企业通过网络信息高速公路传递和接收市场营销信息，可以拉近其与客源市场的距离，掌握市场需求变化情况和趋势，从而提供能够适应和满足市场需求的产品。

3. 市场促销

网络营销具有产品信息展示多媒体化和信息沟通交互性优势，餐饮企业能够通过网络进行更有效的广告促销和营业性促销。餐饮企业可运用具有链接功能的弹跳式视窗广告、旗帜广告、按钮广告、网上拍卖等网络促销手段，根据消费者的兴趣提供餐饮活动一般广告、详细活动介绍、网上预订及网上优惠直销等服务，从而有效激发消费者的购买欲望，影响其消费行为，增加餐饮产品销售量。

4. 产品开发与试销

餐饮企业可以借助网站开发和测试符合市场需求的可选活动项目，再根据网络调查得到的反馈意见筛选和完善活动项目。产品开发与测试网络化具有成本低、信息反馈快、针对性强、客户参与性强等特点，同时，通过开发与测试过程公开化，以及在网站新闻页面重点宣传，可以更广泛地推介活动项目。

5. 网络分销

餐饮企业可以利用具有网上交易功能的网站，通过互联网将分销渠道延伸到世界各地，形成四通八达的全天候、无国界产品分销网络。餐饮产品是通过消费者而不是产品的空间移动来实现交换的，所以以产品销售信息和购买信息沟通为主要特征的网站平台成为餐饮企业理想的低成本、高效率分销渠道。网络分销的形式主要包括餐饮企业对网站的直接分销、合作伙伴网站之间交换代理的间接分销和专业销售网站委托代理的间接分销等。

餐饮企业主要为客人提供餐饮服务，所以比较适于采用网络营销。互联网为餐饮企业提供了一个向客人介绍产品或服务的理想环境，网站可以在访问者点击率较高的新闻通讯和其他专业栏目加载相关主题的链接，浏览者可方便地获得有关餐饮活动的详细信息，明确购买产品的方式与渠道，还可以通过具有销售功能的网站直接预订或购买餐饮产品。

6. 客户服务

互联网为餐饮企业提供了形式多样、功能强大的客户服务手段，具体形式包括客户常见问题解答、列表电子邮件、电子公告板、聊天室、新闻发布等，服务内容包括活动主题与相关知识介绍、餐饮企业概况介绍、活动日程安排、预订咨询与受理、相关规定与注意事项提示、日程变更通知、餐饮活动成果展示与评价等。餐饮企业可以借助网络较为方便地建立客户档案，根据客户的兴趣为其提供各种服务信息，随时通知客户餐饮活动日程安排的变化等。良好的网络客户服务有助于维持和改善餐饮企业和客户的关系，激发客户参加餐饮活动的主动性，使客户成为餐饮企业忠实的支持者。

7. 市场调查

餐饮企业借助互联网进行市场调查，可以有效降低调查成本，缩短调查周期，提高问卷回收率。网上调查通过调查主题吸引读者，感兴趣的读者可在方便的时间，以简便的选择方式或少量的键盘输入方式反馈调查答案，生成调查统计数据。通过互联网开展市场调查，能够提高信息沟通的即时性和交互性，保证餐饮企业能够在第一时间掌握市场变化的最新动态，有助于餐饮企业进行市场反应跟踪调查，以便及时改进或调整产品结构，以满足不断变化的市场需求。

网络调查以网站调查问卷为主要形式，以相关主题的电子邮件调查、弹跳视窗调查、网上投票、网上聊天和访问频率统计等为补充形式。餐饮企业通过多种形式和多种渠道的网络调查，可以从网上获取更丰富、实效性更强的基础资料，甚至能够获取竞争对手的产品、价格、促销手段等关键信息，从而为本企业及时调整竞争战略和策略提供科学依据。

8. 网上赞助

餐饮企业借助餐饮活动的公益主题和轰动效应，吸引有关政府部门、企业、名人和一般公众进行网上赞助活动。作为交换，餐饮企业可以为赞助者提供各种网上广告宣传和名誉宣传服务。例如，在网站中设立政府赞助、公司赞助、名人捐赠、公众捐赠、主题赞助、分主题赞助等广告宣传栏目或荣誉榜。

(五) 电子优惠券

电子优惠券是商家在互联网上设置的以电子文本和图片形式存在的一种打折优惠信息或优惠券。电子优惠券既节省了商家印刷和发送传统优惠券的成本，又方便了消费者的使用。电子优惠券一般都能免费下载使用，如果没有特别说明，那么无论是彩色还是黑白，无论是打印还是复印，无论是放大还是缩小，只要在有效期内并且关键文字清晰可辨认，对应的门店就可以使用电子优惠券。

在电子商务信息化时代，餐饮企业利用电子优惠券作为盈利点是必然趋势。事实表明，这种营销方式比传统的纸质媒体广告更为有效。由于原材料上涨，用工成本增加，许多餐饮企业面临不小的压力。对于网络营销，他们不仅追求对品牌的塑造和提升，更加重视实际效益，而发布电子优惠券已成为餐饮企业打动网友的好方法。据雅虎口碑网统计，网站优惠券每周打印量在10 000 次左右。使用电子优惠券，以优惠的价格，享受到物超所值的美味，是多数餐饮消费者的普遍心理。网络技术提供打印、手机下载、邮件订阅等多种获取电子优惠券的方式，极大地扩大了电子优惠券的适用范围。

三、我国餐饮服务网站的类型及发展现状

我国餐饮信息化服务平台主要有两种发展模式，即餐饮门户网站和专业预订网站。门户网站主要通过网络平台提供餐饮资讯；预订网站则提供更为专业化的服务，消费者不仅可以通过网络搜索信息，还可以通过电话咨询信息和订

餐。具体来说，我国餐饮服务网站主要包括以下6种。

（1）第三方建立的餐饮综合性网站平台。此类网站提供简单的信息发布功能，主要介绍饮食文化、营养保健知识、各家菜系、知名餐馆等。

（2）餐饮企业自建网站。这类网站主要用于企业宣传，少数餐饮企业网站已经开展B2C业务，效果不错。

（3）无店铺的订餐服务网站。这类网站属于第三方订餐服务平台，没有常规餐饮营业店面。

（4）餐饮业电子商务门户网站。这类网站主要方便用户查询餐馆及菜谱，还可提供预订服务，餐饮企业通常对网上预订客户给予相应的折扣。

（5）区域性餐饮电子商务网站。这类网站通常利用地理优势组织附近的多家餐饮店，在某个或几个居民小区或者学校内部开展餐饮电子商务活动。这类网站利用网络优势接受外卖订单，一般规模较小。

（6）大型连锁餐饮企业网站。开办这类网站的餐饮企业以国外企业为主，从原料采购到网络营销都能通过网络实现。例如，必胜客的网站提供网上订餐、下载优惠券等服务。

我国餐饮类网站建设仍然处于起步阶段，介绍信息类的网站建设较容易、成本较低，占目前餐饮业网站的60%；其他类别网站具有电子商务的性质，对电子商务技术与管理能力要求高，约占餐饮业网站的40%。由此可见，我国开展餐饮业电子商务仍任重而道远。

任务实施

设计一个针对特定餐饮品牌的创意营销活动方案，方案内容包括活动目标、目标客群、活动内容、宣传渠道及预期效果等。

任务三　餐饮自媒体营销

自媒体营销亦称社会化营销，它是利用社会化网络，通过微信、App、微博等媒体开放平台或者其他互联网协作平台来进行营销、维护公共关系和拓展客户服务的一种营销方式。

一般自媒体营销工具包括论坛、微博、微信、SNS社区等，餐饮企业可通过自媒体平台或者组织媒体平台发布和传播信息。视频自媒体运营原理与微博、微信等其他自媒体运营原理相同，都是围绕用户需求点、兴趣点做文章，核心就是经营社群、经营人，只是传播渠道属性不同，内容创作的表现形式和互动方式有所差异。

餐饮企业应充分利用自媒体营销平台，拓展自己的品牌影响力。目前，餐饮企业的自媒体营销平台主要有"两微一端"，即微博、微信、客户端，以及短视频平台(包括快手、抖音、视频号等)、今日头条和知乎等。本书重点讲解微信营销和App营销。

一、微信营销

在互联网发展迅猛的背景下，微信顺势而生。2011年1月，腾讯公司正式推出微信这一应用程序。它以其进入平台门槛低、页面设计简洁、操作方式简便、信息传播速度快、面向所有的用户群体、多样化的功能和有趣的程序，很快吸引了一大批用户。微信传播发展非常迅速，目前已是国内使用人数最多的社交软件。由于微信平台能在短期内聚集大量的用户，越来越多的企业发现了微信营销的潜力，期望能够借用微信这一平台进行品牌塑造和产品(服务)推广，餐饮行业当然也不例外。

(一) 微信营销的内涵

微信营销是在网络经济背景下兴起的以微信软件为媒介的营销方式，企业可以通过微信和用户建立联系，并通过这种联系向用户传递信息，进而达到推销产品或服务的目的。微信与其他平台相比，最显著的特点是较强的互动性和双向性。微信的语音功能以及图片、视频传输功能在很大程度上加强了用户之间的联系，用户之间的沟通更加便捷。

相较于传统的营销方式，微信营销有助于提高营销的精准性，实现点对点营销。

简而言之，微信营销是企业在互联网发展的大环境下，依托微信这一特定的新时代交友软件，对产品或服务进行网络营销的一种形式。

(二) 微信营销的方式

从信息传播的角度来看，微信营销的方式包括微信二维码扫描、微信公众号平台推送、微信朋友圈分享、微信"发现"推广。微信二维码是用户获取信息的入口，微信公众号平台是商家推送信息的渠道，微信朋友圈是用户分享信息的途径，微信"发现"是商家推广信息的手段。

1. 微信二维码扫描

微信具有二维码扫描功能，用户通过扫描二维码可以添加朋友或关注公司，实现信息获取。企业可以利用微信二维码扫描这一功能向用户发布相关信息、引导用户办理会员卡等，以引导用户消费。同时，微信二维码还具有支付功能，可以提供便捷的支付服务，受到广大消费者的欢迎。

微信二维码扫描既是企业与消费者建立关系的起点，也是消费者在消费完成后的支付手段。企业可以制作纸质二维码供消费者扫描关注，从而建立企业与消费者的互动关系，实现线上带动线下的O2O营销。

2. 微信公众号平台推送

微信公众号平台作为信息推送的载体，在企业微信营销中发挥了巨大的作用。自腾讯公司推出微信平台以来，企业或个人就可以在微信上创立属于自己的微信公众号。企业可以借助微信公众号定时推送推文，向消费者传递产品信息、企业文化以及价值观念等，消费者也可以通过微信公众号与商家进行交流，实现信息的双向传递。企业与消费者进行双向交流有助于拉近企业与消费者的距离，提升消费者的忠诚度。

目前，微信官方共提供4种类型的公众号，即订阅号、服务号、企业微信和小程序。订阅号适合于企业和个人，每天可以群发一条信息，具有信息传播、媒体资讯传播、品牌宣传的作用。服务号适合于企业以及组织，每月只能群发4条信息，具备客户管理功能，提供强大的产品功能服务，支持微信支付和电商体系。企业微信适合企业以及事业单位，是企业的移动办公平台，可打通员工关系、上下游合作关系，无限推送企业信息，但是关注有限制。小程序容易获取、便于传播，具有出色的使用体验。微信公众号拉近了商家和用户的距离，丰富了用户体验，已成为企业开展微信营销的重要途径。

3. 微信朋友圈分享

微信朋友圈具有信息分享的功能。在微信朋友圈中，用户可以通过小视频向好友分享信息，也可以通过转发文章、链接等表达自己的想法。好友之间可以通过点赞、评论进行互动，增加好友的传播性。

餐饮企业通过微信朋友圈开展营销活动主要有两种方式：第一种方式是企业在朋友圈发布"图片+文字"的广告，向消费者推广餐饮产品，这种方式有利于提高产品的知名度；第二种方式是消费者在餐饮企业获得了极佳的消费体验，或是为了获取优惠，在自己的朋友圈中帮助企业推广产品，这种方式更有利于提高企业的美誉度。

微信拥有大量的用户，微信朋友圈信息分享的能力十分强大，用户之间具有较强的黏性，所以餐饮企业可以借助微信朋友圈开展营销。

4. 微信"发现"推广

微信"发现"扩大了用户的社交圈，可以帮助陌生人之间建立联系。餐饮企业可借助微信"发现"的"摇一摇""附近的人""漂流瓶"等功能进行营销推广。"摇一摇"顾名思义就是用户可以通过摇动手机搜寻到同一时间摇动手机的陌生用户,并可通过该页面向陌生用户打招呼,建立联系;"附近的人"是指用户可以基于位置信息向附近的人打招呼;用户可以利用"漂流瓶"中"扔一个"和"捞一个"的功能向陌生用户传递信息,也可获取陌生用户的信息。

餐饮企业在微信营销的过程中,可以利用微信"发现"功能向消费者传递信息。例如,餐饮企业可通过微信"摇一摇"发送优惠券,可通过"附近的人"向周围客户推送企业活动通知,还可以通过扔漂流瓶的方式,将企业祝福语写进漂流瓶中传递给微信用户,提高企业的知名度。

二、App营销

近年来,随着智能手机的普及,各类 App 的下载数量不断增加,使用频率不断提高。由于移动互联网的崛起,人们的工作和生活方式发生了巨大的变化。为了顺应时代的发展,各大企业早已把营销的主要视线转移到 App 营销上。目前,国内各大互联网公司、电商平台都拥有自己的官方App,App营销也成为各大企业推广新产品的常用营销方法。

App营销与传统营销不同,用户在看到产品之前,就可以通过App了解有关产品的全部信息,可以看到图片甚至相关视频等,用户不受时间和地域限制,可以自主选择是否购买产品。

目前,常用的餐饮App有大众点评、小红书、觅食蜂、爱食记、下厨房、懒饭、豆果美食、香哈菜谱、烘焙小屋等。例如,大众点评是用户使用度和知名度较高的一个包含美食内容的App,主打吃喝玩乐一站式搞定,大量用户在大众点评上推荐全国各地的餐厅和菜品,内容非常详细。

(一) App 模式下传播方式的转变

1. 传播对象:从"受众"到"用户"的转变

传统媒体时代,报社记者、广播播音员、电视媒体人作为媒介信息的传播者,会严格把控新闻和消息的传播,因此经传统媒体人筛选过的信息通常会具有一定的个人主义色彩。"受众"在这个过程中一直处在被动接受消息的位置上,无法将自己阅读新闻和消息后的个人观点实时地与他人进行分享和讨论。移动互联网时代,人人都是媒体人,人人都有传播、分享、讨论信息的权利。对于应用App的企业或个人来说,最大的成功就是"用户"主动下载 App,主动接受应用软件传递的信息,并进行筛选、评论和转发,用户还可以将自己拍摄、编辑的视频发布到App平台上,进行传播。

随着传播技术的发展,从前被动的"受众"变成了掌握主动权的"用户"。用户不仅可以接受消费券等信息产品,还拥有了选择、分享和自制信息产品的权利,无论是生产信息还是传播信息都不受时间和地域的限制。

2. 传播方向:从单向传播到双向互动

传统媒体的大众传播模式是记者、播音员等传播者通过报纸、电视、广播等媒介,将大批量的信息传递出去,这是一个单向的传播过程,这种传播的缺点显而易见,比如传播者过于具有主观性,受众只能被动接受信息,无法及时向传播者反馈自己的意见和想法,没有良好的流动性。

作为信息技术领域新媒介的App的出现打破了原有的单向传播格局,它以互联网独有的传播方式,不限时间、不限地域地将信息发送给不同用户,传播者与接受者的关系变成了双向互动、多方位、多渠道的传播关系,这是一种"一对多""多对多"的双向传播模式。从此,传播过程中没有主体和客体之分,没有阶级和等级之分,任何用户都可自由表达和选择。用户可以在相应的App平台上发布文字、图片、语音、视频等,还可以对其进行转发和推送,让传播的内容被更多的受众看到。这种方式不但运营成本低,信息产生速度快,而且信息影响和关联的用户也更加广泛。

3. 传播内容:从大众传播到新媒体个性化传播的过渡

传统媒体时代,媒体向每个受众传播的信息都是一致的,所以我们称之为大众传播,受众再从众多的信息中挑选出自己想要的部分。在这种情况下,信息传播者会在挑选、编写文本的过程中,加入许多自己的主观意见,这就会导致受众对事件的观点和看法趋于统一。在移动互联网时代,信息呈现爆炸的趋势,人人都是自媒体,人人都拥有表现自我的平台,用户可在App平台上发布展示个人观点的文字、图片、视频等,个性化传播成为新趋势。

(二) App营销的优势

1. 信息全

App平台可以全方位展示产品的文字介绍、图片甚至动态视频,消费者在购买产品之前可全方位了解产品,从而激发消费者的购买欲望。比如,麦当劳、肯德基等快餐企业的App,会定期推出一些减免优惠活动,消费者先选择当前所在城市,查看优惠券信息并领取使用,就可到店内以优惠价格购买产品。

2. 跨越时间和空间

移动互联网时代,无论是信息传播还是商品传送都具有跨越时间和空间的特点。比如,消费者只要连接网络,打开购物App,足不出户就能在平台上购物。

3. 成本低

与传统媒介中的报纸、广播、电视相比,App的营销推广费用更低,有些应用平台甚至会免费为一些优质的App进行推广，App营销所具有的成本优势是传统营销无法比拟的。

4. 互动性强

App营销具有强互动性。比如，消费者可以通过美团App选择即将用餐的商家，可以查看商家的相关信息，可以查看菜品的图片，可以翻阅消费者的评价；决定用餐后，可以拨打订餐电话提前订位，可以利用地图导航功能确定前往的路线；用餐结束后，可以对商家的服务和店内的菜品进行点评。

任务实施

撰写一篇以餐饮行业自媒体营销为主题的文章，或制作一段以餐饮行业自媒体营销为主题的短视频，要求体现品牌特色并能吸引目标受众。

任务四　餐饮企业 O2O 营销

"互联网+"与餐饮行业的融合创造了餐饮O2O模式，形成餐饮行业新格局。餐饮O2O占整个中国O2O市场的比重非常大，发展速度也非常快。区别于传统餐饮，餐饮O2O具有一些显著的特点，比如海量性、移动性、技术性和开放性。

一、餐饮O2O平台的类型

我国现有餐饮O2O主要分为三类，即以大众点评网为代表的点评类餐饮O2O、以美团网为代表的团购类餐饮O2O、以饿了么为代表的外卖类餐饮O2O。这三家平台都表现出较为抢眼的发展势头，为了吸引更多的用户，各家开展了不同形式的推广活动，通过低价促销、"病毒"式传播、口碑宣传等营销手段进行宣传。

（一）大众点评网

大众点评网发展迅速，除了消费评价服务，还陆续引进了团购、预订、外卖等业务。大众点评网的代表性营销案例有"选择吧！人生"微信创意营销、大众点评网"517吃货节"等。其中，"选择吧！人生"微信创意营销通过外部刺激引发用户需求；"517吃货节"以低价促销刺激用户潜在需求。数据显示，"517吃货节"三天交易额达到4.5亿元，占当月总成交额近两成，活动参与人数达到1500万人，活动效果十分显著。

(二) 美团网

美团网模仿美国 Groupon 的模式，聚集消费者的相同需求，从而为消费者争取折扣价格。2010年美团网成立后，其业务相继覆盖餐饮、娱乐、亲子等O2O产品。美团网的代表性营销案例有"随时退，过期退"售后政策等。该售后政策降低了用户决策风险，激励用户迅速做出最终购买决策。

(三) 饿了么

饿了么于2009年创立后，主营网上订餐与外卖业务。随着规模的不断扩张，饿了么的市场从高校校园逐渐扩展到居民区、商业区等区域。除了订餐平台，饿了么还成立了蜂鸟配送，提供专业的外卖配送服务。饿了么的代表性营销案例有"饿了别叫妈，叫饿了么"整合营销和邀请新用户返现活动。"饿了别叫妈，叫饿了么"整合营销将外部刺激转化为内部刺激，邀请新用户参与返现活动，利用物质激励和"病毒"式传播吸引潜在用户。通过该活动，从2014年到2016年，饿了么用户数量从约1000万人指数级增长到7000万人，在外卖市场中占据最大份额。

二、餐饮O2O营销方式

(一) 消费者购买决策模型

广义的购买决策是一个系统化的流程，涵盖从消费者受内外因素刺激产生购买动机到做出最终购买决策及评估的各个阶段。狭义的购买决策包含产生需求(消费者认识到自己的某种需求)、搜索信息(涉及很多渠道，包括熟人推荐、公共广告等)、评估方案(从价格、性能等多方面进行比较和评估)、进行购买(做出最终购买决策)、购后评价(根据购后的满意程度进行评价，并通过购买活动积累经验)5个阶段。

(二) O2O各阶段营销方式比较

这里以大众点评网、美团网、饿了么为例，比较O2O各阶段的营销方式。

1. 需求产生阶段

(1) 多平台、多渠道发布广告，加强外部刺激。

(2) 开展针对性营销活动。例如，大众点评网开展的"选择吧！人生"活动就是面向"90"后及白领群体的针对性营销活动。

(3) 整合营销，加强品牌内在感染力。例如，"饿了别叫妈，叫饿了么"活动将品牌与用户情感相结合，将外部刺激转化为用户的内部刺激。

(4) 低价促销。三家企业均开展了不同程度的低价促销活动，如表6-1所示。

低价促销已经成为餐饮O2O企业吸引用户与维护用户的主要手段。

表6-1 案例企业低价促销活动对比

企业名称	低价促销活动
大众点评网	1分钱吃喝、特价招牌菜、优惠券
美团网	团购价、爆款一折
饿了么	新用户18元返现、老用户满减优惠、红包优惠、天天特价

2. 信息搜索阶段

(1) 建立用户数据库，分析用户购买行为，实施精准促销。

(2) 运用LBS(location-based service，基于位置服务)实现精确推荐。

3. 方案评估阶段

(1) 严格把控商家入驻标准，完善商家信息。以美团网为例，平台重点审核营业执照、企业所有人信息等，保证商家信息真实有效，方便用户评价。

(2) 建立评分系统，直观显示商家综合素质。例如，大众点评网建立了5分制评分系统，消费者可以直观判断商家各方面的情况，更快地做出判断。

4. 购买决策阶段

(1) 优化支付体验。从表6-2可以看出，优化支付流程能够保证支付安全。

表6-2 案例企业支持的支付方式及安全验证方式

企业名称	低价促销活动	安全验证
大众点评网	银行卡支付、微信支付、支付宝支付	数字密码、指纹支付、免密支付
美团网	银行卡支付、微信支付、支付宝支付、货到付款	—
饿了么	银行卡支付、支付宝支付、QQ钱包	—

(2) 建立高效退款系统，降低用户决策风险。例如，美团网实行"随时退"制度，可避免用户利益受到损害。

(3) 增强互动，促进用户做出决策。

5. 购后评价阶段

(1) 建立评价体系，完善评分标准。案例中的三家企业都建立了评价和描述关键词系统，商家的综合素质通过评分与描述关键词得以体现。

(2) 设立新型差异化营销制度。餐饮O2O基于消费者购买决策模型的营销策略有以下特点：一是各阶段采取针对性营销，既针对各个阶段，又针对特定群体；二是营销与技术紧密结合，两者相辅相成；三是同质性较强，具体体现为相似的低价促销、评价体系建设缺乏明显的营销差别，营销重点在于提升用户体验。为了进一步提升营销活动效果，餐饮企业可以尝试做出以下改变：一是利用新技术，实行体验式营销；二是加大入驻商家审核力度，完善商家服务标准；三是利用网络进行用户调查，实行差异化营销。

任务实施

设计一个餐饮企业O2O营销方案，内容包括线上引流、线下体验、客户关系管理等方面的具体措施。

项目六 ▶ 餐饮数字化运营

思维导图

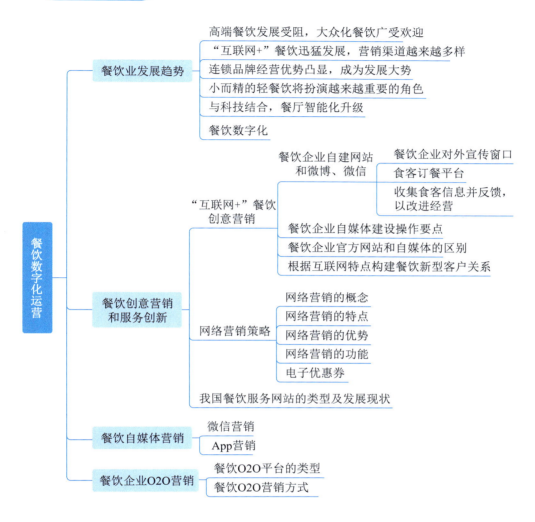

学习笔记

项目	· 餐饮数字化运营	日期	·

标题	·

关键词	笔记内容
1.	1.
2.	2.
3.	3.

179

备注

1.
2.
3.

一、简答题

1. 我国餐饮行业的微信营销现状如何？

2. App营销的优势有哪些？

二、实践题

请以小组为单位，实地参观一家餐饮企业，分析该企业的数字化运营情况。

项目七 餐饮服务质量管理

通过本项目的教学，学生应了解餐饮服务质量管理的含义和内容；明确餐饮服务质量的特点；熟悉现代酒店餐饮服务质量管理原则和流程；掌握现代酒店餐饮服务质量管理的工具和分析方法，并能在此基础上进行分析，对酒店餐饮服务质量进行全面、科学的评价；了解优质服务的内容和实施措施。

· 课程思政 ·

餐饮服务是餐饮工作人员为就餐客人提供餐饮产品的一系列行为的总和。随着社会的发展，人民生活水平越来越高。在这一背景下，餐饮业应不断完善产品，不断提高服务质量，才能满足客人对菜品质量和服务质量日益提高的要求。通过学习，学生应进一步规范服务流程，理解习近平总书记倡导的"劳模精神、劳动精神、工匠精神"的重要内涵。

· 学习目标 ·

(1) 掌握酒店餐饮服务质量的特点。
(2) 具备处理餐饮服务质量问题的应变能力。

· 学习重点 ·

(1) 酒店餐饮服务质量管理的内容。

(2) 酒店餐饮服务质量管理的流程。

(3) 解决酒店餐饮服务质量问题的方法。

学习难点

(1) 酒店餐饮服务质量管理的工具和方法。

(2) 酒店餐饮服务质量管理的流程。

情境导入——从满意到不满意

　　一天晚上七点多，某酒店餐厅内响起送餐电话的铃声，服务员迅速接起电话："您好，这里是××酒店中餐厅。请问您需要什么服务？""您好，我们是 5606 房间的客人，请问现在还能送餐吗？"电话里传来客人疲惫的声音。服务员回答："可以，麻烦先生先点菜。"客人很快点了几道做法简单的菜，还没等服务员说话，客人就挂断电话。服务员急忙将点菜单送到后厨，并嘱咐送餐员快点送餐。30 分钟以后，送餐员将菜品及时送到客人的房间，餐厅的效率让客人很满意，客人说了一声"谢谢"以后就狼吞虎咽地吃了起来，并让送餐员留下账单，表示吃完再去结账。

　　然而，没过多久，餐厅却接到了这位客人的投诉电话，原因是加收了 15% 的服务费。客人认为餐费收取不合理，如果要收取服务费，服务员应在点菜时说明。服务员急忙推卸责任，说道："不好意思，不是我不说明，而是没等我讲完话，您就把电话挂断了，何况房间里的送餐服务说明也提到了服务费。"客人听后，声音更大了："我快饿死了，哪有时间和心情仔细去看说明？你没有提示我，却把责任推给我，你们酒店就是这样为客人服务吗？餐费我会付，服务费我绝对不会付的。"说完，客人又将电话挂断了。

　　服务员心想，客人正在气头上，打电话也说不清，还是让送餐员去客房跟客人解释清楚，顺便把账结清比较好。于是服务员便叮嘱送餐员，让她去收餐具并结账。

　　送餐员小心翼翼地来到 5606 房间，向客人说明来意，并对酒店的失误表示歉意。客人看到送餐员无奈而又诚恳的表情，又想起刚才送来的热气腾腾的饭菜，气消了一大半。送餐员引导客人回忆刚才打电话订餐的情景，客人觉得自己也有过错，便按照规定支付了全部费用。

项目七 ▶ 餐饮服务质量管理

> **情境分析**
>
> 案例中的餐厅虽然服务效率比较高，服务比较周到，但在本次服务中，仍出现了疏漏。客人挂断电话以后，服务员应回拨电话，及时向客人说明送餐费用，以免客人误解。餐厅应从此事中吸取教训，在提供周到服务的同时，不要忽略基本的操作程序，因为个性化服务都是建立在规范化服务基础之上的。

任务一 认识餐饮服务质量管理

认识餐饮业服务质量管理之班前会的流程（中文）

认识餐饮业服务质量管理之班前会的流程（英文）

认识餐饮业服务质量管理之班前会的流程（泰文）

课堂笔记

优质服务可以提高餐饮企业的知名度和美誉度，有助于吸引客源，培育忠诚客户，为本企业创造更多的经济效益。所以，餐饮企业非常重视服务质量管理，以期通过较高的服务质量使自己在竞争中立于不败之地。

一、餐饮服务质量管理的意义

影响餐饮企业经营效果的因素有服务质量、管理水平、地理位置、就餐环境、经营规模、经营策略等，其中，最重要的因素是服务质量。餐饮企业服务质量好具体表现为令顾客心情舒畅的服务态度、高于他人的服务技巧、规范而优雅的服务方式。可以说，服务质量是服务能满足需求的特性的总和。这里的"服务"，包含由餐饮企业为顾客提供的有形产品和无形产品。"服务需求"是指顾客的需求。顾客的需求既有物质方面的，也有精神方面的，具体表现为顾客对食品饮料的价格、质量、卫生的要求，以及对服务及时、周到、热情、礼貌等的要求。餐饮企业能否满足顾客的需求，在很大程度上取决于服务人员的素质和能力如何。

学习心得

提高餐饮服务质量，把精湛的烹饪技术与完美的服务艺术有机地结合起来，是餐饮企业规范经营和管理、提升市场信誉和知名度、扩大经营、取得经济效益和社会效益的根本途径。餐饮服务质量管理的意义具体表现在如下几个方面。

课外拓展

（一）服务质量是餐饮企业经营的生命线

著名旅游经济学家罗斯德对餐饮服务质量管理的重要作用有非常精辟的论述，并建立了"恶性循环分析理论"，即"餐饮服务质量下降→服务标准降低→顾客投诉增加→餐饮营业下降→销售收入减少→经营利润降低→资金周转不足→餐饮服务质量恶化"。在这个循环中，关键点是"餐饮服务质量下降"。餐饮企业要想打破这条恶性循环链，关键在于提高服务质量。

（二）提高服务质量是餐饮企业参与市场竞争的需要

餐饮企业之间的竞争涉及不同方面和不同内容，可以是地理位置、外观装饰、宣传广告方面的竞争，也可以是服务项目、商品推销、价格优惠等方面的竞争。但无论如何，餐饮企业的竞争以质量竞争为首。谁能够为顾客提供最佳产品和服务，谁就能取得优势地位，从而招徕更多的顾客。

（三）提高服务质量是餐饮企业提高管理水平的重要标志

餐饮管理的目标是利用人力资源、物资资源和信息资源为顾客提供一流服务，以获得利润。因此，餐饮管理应以提高服务质量为中心，这就要求餐饮企业充分发挥管理职能作用，训练和培养一批高水准的服务人员和管理人员，协调各部门的工作，不断提高管理水平，为服务质量的提高打下基础。

二、餐饮服务质量管理的内容

服务质量包含两层含义：一是狭义的服务质量，它是指服务员的服务劳动质量，不包括实物产品的使用价值；二是广义的服务质量，包含组成服务的各个因素的质量。整体来说，服务质量分为有形产品质量和无形产品质量两个方面，具体包括以下内容。

（一）设施设备质量

设施设备是餐饮企业提供服务的物质基础，具体包括房屋建筑、设备及低值易耗品等，既包括顾客使用的设施设备，也包括厨房使用的设施设备，还包括服务员使用的设施设备。餐饮企业的设施设备应达到功能齐全、可靠安全、外形美观的标准。

（二）实物产品质量

实物产品可直接满足顾客的物质消费需要，是酒店服务质量管理的重点对象，它通常包括以下几个方面。

1. 饮食质量

饮食在现代酒店中占有很重要的地位，直接影响顾客的健康和酒店效益。饮食质量涉及菜品特色、菜品样式、菜品卫生等，这些都是顾客较为关注的方面。

2. 客用品质量

客用品是餐饮企业实物产品的组成部分，具体指餐饮企业提供给顾客使用

认识餐饮服务质量管理之投诉处理技巧（中文）

认识餐饮服务质量管理之投诉处理技巧（英文）

认识餐饮服务质量管理之投诉处理技巧（泰文）

课堂笔记

学习心得

课外拓展

的各种用具和用品,如厨具、食具等。客用品质量应与餐饮档次相适应,避免提供劣质品。客用品数量应充裕,不仅要满足顾客需求,而且要确保供应及时。

3. 服务用品质量

服务用品是指餐饮企业在提供服务过程中供服务人员使用的各种餐具用品。它是服务人员提供优质服务的必要条件。服务用品应达到品种齐全、数量充裕、性能优良、使用方便、安全卫生等要求。

(三) 服务产品质量

服务产品质量指餐饮企业提供的服务的质量,它是餐饮服务质量管理的重要内容,具体包括以下几个方面。

1. 仪容仪表

服务人员应着工装,以干净、文明的仪容仪表进行岗位操作和服务,营造规范、和谐的现场氛围,为顾客创造一流的消费环境。

2. 礼节礼貌

礼节礼貌是服务的重要组成部分,在餐饮服务质量管理中备受重视。服务人员讲究礼节礼貌可以提升顾客满意度,这是餐饮企业提供优质服务的基本点。

3. 职业道德

餐饮企业的服务是否到位取决于服务人员是否有事业心和责任感。因此,服务人员应遵守职业道德,力争为顾客提供最好的服务。

4. 服务态度

服务态度指服务人员在对客服务中所体现出来的主观意向和心理状态。餐饮企业员工的服务态度是很多顾客关注的焦点,往往决定了顾客对餐饮企业的印象和评价,因此这是餐饮企业应重点关注的方面。

餐饮企业应处处体现"服务意识", 并且将其灌输给所有员工,员工应将服务意识融入职业习惯,将服务意识作为服务工作的指南。在餐饮服务中,服务人员应保持良好的服务态度,具体应满足以下几点要求。

(1) 面带微笑,向顾客问好,尽可能地记住顾客的名字和相貌。

(2) 与顾客联系或交流时,主动接近顾客,但要注意保持适当的社交距离。

(3) 处理与顾客有关的事项时,要保持理性、含蓄、冷静的心态,在任何情况下都不要急躁。

(4) 遇到顾客投诉时,最好请其填写顾客意见书。如果顾客投诉事项是事实,应立刻向顾客道歉并改正。如果顾客提出无理要求或事实证明顾客错了,向顾客解释明白即可,不应怪罪顾客。

(5) 了解各种职业人士及各阶层人士不同的消费心理特征，提供针对性服务。

(6) 在服务时间、服务方式上以方便顾客为宗旨，在服务细节上下功夫。

5. 服务技能

服务人员的服务技能是服务水平的基本保证和重要标志。如果服务人员没有过硬的基本功，服务技能水平不高，那么即使服务态度再好，顾客也不会满意。服务技能的培养是一个由简单到复杂，需长期磨炼、逐步完善的过程。

6. 服务效率

服务效率是服务工作的时间概念，体现服务人员为顾客提供某种服务的时限。它不但能反映服务人员的服务水平和素质，而且能反映餐饮企业的管理水平。服务效率是服务技能的体现与必然结果。

餐饮企业有必要对菜品烹制时间、翻台时间、顾客候餐时间做出明确的规定并将其纳入服务规程之中，在全体服务人员都达到时限标准后，再制定更先进合理的时限规定。餐饮企业应该把尽量减少甚至消除顾客等候的现象作为提高服务质量的重要目标。

7. 服务项目

餐饮服务项目具有多样性。餐饮企业管理者对服务项目和服务质量标准的设立应以满足顾客需求和方便顾客为宗旨，同时要加强餐饮消费的市场调查，了解顾客的饮食兴趣、爱好、消费水平和方式、新的需求等，全方位满足顾客的要求，这样餐饮企业才能在激烈的市场竞争中始终处于优势地位。

(四) 清洁卫生质量

(1) 清洁卫生工作是餐饮服务质量管理的重要内容，必须认真对待。餐饮企业应制定严格的清洁卫生标准，具体包括厨房作业流程的卫生标准、就餐环境的卫生标准、各个岗位的卫生标准、服务人员的个人卫生标准。

(2) 制定明确的清洁卫生规程和检查保证制度。清洁卫生规程要具体规定设施用品、服务人员、膳食饮料等在各个环节的清洁卫生标准，以及为达到这些标准而应采取的方法及时间限制。

(3) 坚持经常性检查和突击性检查相结合的原则，实现清洁卫生工作制度化、标准化、经常化。清洁卫生是餐饮企业的管理重点和服务质量的重要内容，它不仅直接影响顾客的健康和就餐质量，也能反映餐饮企业管理水平和服务人员素质。

(五) 环境氛围质量

环境氛围由建筑、装饰、陈设、设施、灯光、声音、颜色以及员工的仪容仪表等因素构成。环境氛围对客人的情绪影响很大，客人往往把相关的感受作为评价餐饮服务质量优劣的依据，甚至会影响客人是否再次光顾。因此，餐饮管理者应关注环境的布局和气氛的烘托，让客人在就餐时感到舒适、愉快、安全、方便。

(六) 安全卫生质量

安全是客人就餐时的第一要求，保证每一位客人的生命和财产安全是服务质量管理的重要内容。餐饮企业要营造安全的气氛，给客人带来心理上的安全感，但应注意适度，否则会令客人感到紧张不安。在日常服务中，应贯彻以防为主的原则，建立严格的安全保卫组织制度，制定安全措施，做好防火、防盗工作，避免食物中毒、侵犯骚扰等事件的发生，切实做好安全保卫工作。

综上所述，餐饮服务质量管理的内容和要求包括：有形设施要让客人感到实用、方便、舒适；无形服务要让客人感到热情、亲切、和谐，突出"暖""快""物有所值"。这是餐饮服务质量的集中表现，也是餐饮企业实施服务质量管理的基本出发点。

三、餐饮服务质量的特点

餐饮服务是面对面的服务，餐饮服务的特点以及构成内容使餐饮服务质量内涵与其他服务相比有着极大的差异。为了更好地实施餐饮服务质量管理，管理者应正确认识并掌握餐饮服务质量的特点。

(一) 餐饮服务质量构成的综合性

餐饮服务质量的构成内容既包括有形的设备设施质量、服务环境质量、实物产品质量，又包括无形的劳务服务质量等多种因素，而且每一个因素又由许多具体的内容构成。其中，设备设施、实物产品是餐饮服务质量的基础，服务环境、劳务服务是表现形式，客人满意度高低则是服务质量优劣的最终体现。

餐饮服务质量构成的综合性要求餐饮管理者树立系统的观念，把餐饮服务质量管理作为一项系统工程来抓，多方收集餐饮服务质量信息，分析影响餐饮质量的各种因素，特别是可控因素，既要抓好有形产品的质量，又要抓好无形服务的质量；不仅要做好本职工作，还要顾及餐饮其他部门或其他服务环节，从而提高餐饮服务整体质量。正如"木桶理论"所描述的那样，一个由长短不一的木条拼装而成的木桶，它的盛水量取决于最短的那根木条。由此可见，餐饮服务应该有自己的强项和特色，但不能有明显的弱项和不足，否则就会影响整体的服务水平。

(二) 餐饮服务质量评价的主观性

尽管餐饮服务质量是一个客观的存在，但餐饮服务质量的评价是由客人在享受服务后根据物质满足程度和心理满足程度做出的，因而带有很强的个人主观性。客人的满足程度越高，对服务质量的评价也就越高，反之评价则越低。餐饮管理者不能无视客人对餐饮服务质量的评价，否则将失去客源，餐饮企业也将失去生存的基础。餐饮管理者没有理由要求客人必须对餐饮服务质量做出与客观实际相一致的评价，更不应指责客人对餐饮服务质量的评价存在偏见。餐饮管理者应在服务过程中通过细心观察，了解并掌握客人的物质和心理需要，不断改善对客服务，为客人提供有针对性的个性化服务，注重服务中的每一个细节，重视每次服务的效果，用符合客人需要的服务来提高客人的满意度，从而不断提高餐饮服务质量。正如一些餐饮管理者所说的那样："我们无法改变客人，那么就根据客人的需求改变自己。"

(三) 餐饮服务质量显现的短暂性

餐饮服务质量评价源于一次又一次内容不同的具体服务，而每一次具体服务的使用价值只有短暂的显现时间，即使用价值的一次性，例如微笑问好、介绍菜品等。这些具体的服务不能储存，服务结束便失去了使用价值，留下的也只是客人的感受而非实物。

因此，餐饮服务质量的显现是短暂的，不像实物产品那样可以返工、返修或退换。如果服务员要调整服务，也只能通过再提供一次服务来完成。也就是说，即使客人对某一项服务感到非常满意，评价较高，服务员也不能保证下一次服务还能获得客人的好评。因此，餐饮管理者应督导服务员做好每一次服务工作，争取客人对每一次服务都感到非常满意，从而提高餐饮服务整体质量。

(四) 餐饮服务质量内容的关联性

客人对餐饮服务质量的印象，是在从他进入餐厅直至离开餐厅的过程中形成的。在此过程中，客人得到的是各部门员工提供的一次又一次具体的服务，这些具体的服务不是孤立的，而是有着密切关联的，因此只要有一个环节的服务质量出现问题，就会破坏客人对餐饮服务的整体印象，进而影响客人对整体餐饮服务质量的评价。在餐饮行业中流行"100-1=0"这个公式，即100次服务中只要有1次服务不能令客人满意，客人就会全盘否定其余的99次优质服务，严重影响餐饮企业的声誉。这就要求餐饮企业各部门、各服务环节之间协作配合，做好充分的服务准备，确保每项服务的优质、高效，确保餐饮服务全过程和全方位的"零缺点"。

项目七 ▶ 餐饮服务质量管理

(五) 餐饮服务质量对员工素质的依赖性

餐饮产品生产、销售、消费同时性的特点,决定了餐饮服务质量与餐饮服务人员表现具有直接关联性。餐饮服务质量是在有形产品的基础上,通过员工的劳务服务创造并表现出来的。这种创造和表现能满足客人需要的程度高低,取决于服务人员的素质高低和管理者的管理水平高低。所以,餐饮服务质量对员工素质有较强的依赖性,因为餐饮服务质量的优劣在很大程度上取决于员工表现的好坏,而这种表现又很容易受到员工个人素质和情绪的影响,具有很大的不稳定性。所以,餐饮管理者应合理配备、培训、激励员工,努力提高他们的素质,激发他们的服务主动性、积极性和创造性,同时提高自身素质及管理能力,从而培养出高素质、高水平员工,而高素质、高水平员工是提升客人满意度的基础,是不断提高餐饮服务质量的前提。

(六) 餐饮服务质量的情感性

客人与餐饮部之间的关系也是影响餐饮服务质量的因素之一。如果关系融洽,客人就比较容易谅解餐饮部的过错;如果关系不融洽,客人就很容易小题大做或借题发挥。这也体现了餐饮服务质量的情感性特点。事实上,餐饮服务质量问题总是会不断出现,只是问题数量和层次不同,这是一个不能回避的客观事实。作为餐饮管理者,应积极采取妥当的措施,将服务质量问题给客人造成的影响降到最低,避免矛盾扩大化。在服务过程中,服务人员应真诚地为客人考虑,与客人建立友好、和谐的关系,以便在餐饮部门出现一些无心之失时,能够获得客人的谅解。

> **任务实施**

选取一个成功的知名餐饮品牌作为案例,分析其如何实施餐饮服务质量管理,并总结其成功的经验和可借鉴之处。

任务二 餐饮服务质量管理流程

根据餐饮服务的工作流程,即迎客准备、席间服务和餐后结束工作,可将餐饮服务质量管理流程分为预先管理、现场管理和反馈管理三个阶段。

一、餐饮服务质量的预先管理

餐厅服务质量的预先管理发生在提供服务之前,主要是指餐饮企业管理层

餐饮服务质量管理流程(中文)

餐饮服务质量管理流程(英文)

课堂笔记

学习心得

课外拓展

189

针对服务内容和对象建立服务质量管理体系的过程，包括服务质量标准化、服务过程程序化及质量责任制度的建立。这些基础工作是餐饮企业开展质量管理活动的依据，是餐厅建立正常质量管理秩序、把以预防为主落到实处的必要手段，也是餐厅树立良好形象和提高经济效益的基础和保证。

(一) 服务质量标准化

餐饮企业想要提高服务质量，树立服务标准化的理念是十分必要的。标准化服务是餐饮企业生存的基础，更是其发展的动力来源之一。树立服务标准化的理念是餐饮企业参与市场竞争的必修课。餐饮服务质量标准是对餐饮服务过程、服务方法、服务程序等所做的统一规定，是服务工作的行为准则。餐饮企业在制定服务质量标准时，既要考虑客人的利益，又要兼顾服务人员的因素，在两者之间寻求平衡是餐饮企业管理者的职责，也是实现高质量服务的关键。一些旅游业发达地区的政府相关部门也会发布地方标准，明确餐饮企业服务质量规范。

餐饮企业服务质量标准包括有形的设施标准和无形的服务标准。有形的设施标准规定了餐饮企业有形设施设备的数量、规格，餐饮企业应该依照相关等级的划分与评定标准设置。无形的服务标准主要规定餐饮企业服务人员的个人形象及素质，具体包括服务礼节、仪容仪表、言谈举止、服务态度、服务技能与技巧、应变能力和专业知识等。无形的服务质量包括服务的数量、时间和效果三个方面。例如，标准规定，服务人员必须在电话铃响三声以内接听电话，否则就是服务不周，不符合餐饮企业的服务质量标准。

(二) 服务过程程序化

餐饮服务是一个非常复杂的过程，餐饮企业要实施服务质量管理，首先要制定统一的服务程序，通过统一的服务程序来管理各项服务工作。服务程序是某一特定的服务过程应该达到的规格，即对服务人员在服务过程中的各个环节及各个环节的细节内容所做的原则性规定。餐饮企业工种较多，各岗位的服务内容和操作要求各不相同，为了控制和提升服务质量，餐饮企业要结合具体服务项目建立服务程序，针对零点、团餐和宴会等的不同服务特点，制定迎宾、领位、点菜、传菜、酒水服务等全套服务程序。有了服务程序，各项服务工作才能实现程序化、系统化和系列化。

餐饮企业管理者在制定服务程序时，既要考虑到行业统一要求和标准，又要结合餐饮企业的具体情况，如客源结构、多数客人的饮食习惯、餐饮企业的等级、餐饮特色、企业文化等。各个服务环节都应该以方便客人为准则，各个服务程序之间必须相互协调。服务程序还应该强调主动性，即服务人员向客人提供的每项服务都要比客人的要求提前一步，即行动在客人开口之前。同时，管理者还要注意程序服务的效果反馈。客人监督和服务效果反馈可以协助管理者检查每项服务是否达到令客人满意的程度，以及找出劣质服务的根源，从而不断完善服务。

(三) 质量责任制度的建立

制度是餐饮企业开展各项工作的行为准则，不同的制度规范着不同的行为。制度化是指把餐饮企业不同岗位上的员工所具有的权利、责任用规章制度的形式确定下来，把完成餐饮企业各项工作的有关规定、要求、注意事项落实到每个环节、每位员工，明确员工岗位职责和分工，从而避免管理混乱。另外，各级各类质量责任制度的建立有利于贯彻按劳分配原则，促使员工追求效率和质量，更好地完成工作。

二、餐饮服务质量的现场管理

餐饮服务质量的现场管理发生在服务实施过程中，主要是指服务提供者或服务督导者运用各种有效的服务质量管理方法对服务行为加以管理，以求达到或超过客人的期望值。这是餐饮企业管理者的主要职责之一。餐饮企业管理者应该将现场管理作为服务质量管理工作的重要内容来抓。现场管理的主要内容包括服务程序的管理、人员的管理、意外事件的管理等。

(一) 服务程序的管理

开餐期间，餐饮企业管理者应始终留在第一线，监督并指挥服务员按照标准服务程序开展各项服务工作，如果发现某项服务与标准服务有偏差，应该及时纠正和弥补。

(二) 人员的管理

首先，餐饮企业管理者应在开餐前按照分区看台负责制，将服务员安排在相对固定的服务区域。安排服务员也要以餐饮企业的性质、档次为依据，例如，对于中等服务标准的餐饮企业，可以按照每个服务员每小时接待20位散客的工作量来安排服务区域。一般来说，档次越高的餐饮企业，服务水准要求越高，因此服务员也相对较多。

其次，在经营过程中，餐饮企业管理者应该根据客情变化对服务员进行再分工和调配。例如，某个区域客人突然增多，管理者就应该从其他区域抽调服务员进行支援，等客流减少后再将支援人员调回原来的服务区域；用餐高峰期过后，应该让部分服务员休息，留下部分服务员待命；晚上可以安排较少的服务员值班，满足客房送餐客人的需要。

(三) 意外事件的管理

餐饮服务是与客人面对面的服务，很容易因为一个不周到的细节而引起客人对整体服务质量的不良评价，导致服务失败、客人投诉。一旦客人投诉，餐饮企业管理者必须采取一定的措施，安抚客人，了解事情的来龙去脉，想办法满足客人的诉求，如为客人打折、送菜、送优惠券，让客人高兴而来、满意而去。如发现醉酒客人，应告诫服务员停止为客人添加酒精饮料，并想方设法劝客人早点回家。这样既能保证客人安全，又能维护餐厅的正常就餐秩序和良好的就餐氛围。

三、餐饮服务质量的反馈管理

餐饮服务质量的反馈管理是指通过建立服务质量反馈系统反馈质量信息，找出服务工作在准备和执行阶段的不足，及时采取措施，加强预先管理和现场管理，以求客人能重新对服务质量做出评价。餐饮服务质量控制和监督检查是餐饮管理工作的重要内容之一。

信息反馈系统由内部系统和外部系统构成。内部系统的信息源于餐饮企业内部人员，即服务员、厨师和中高层管理者等。每餐结束后，管理者召开例会，对工作进行总结，制定改进措施。外部系统的信息源于餐饮企业外部人员，即客人。客人的意见对餐饮服务质量管理最为重要，餐饮企业要充分重视并鼓励客人反馈信息。为了获得外部信息，首先，可以征求客人在用餐过程中的意见和建议。为了及时得到客人的意见，可以在餐桌上放置客人意见表，也可以在客人用餐后立即征求客人意见。其次，可以通过其他途径获得客人的反馈意见。例如，有的餐饮企业通过商务网站建立网上评价体系，客人可以通过网络评价餐饮服务，有的餐饮企业还会通过旅行社或者其他中介机构获得客人的反馈信息。

建立健全信息反馈系统的同时，餐饮企业应安排人员记录反馈信息，定期对反馈信息进行总结，这样才能有利于服务质量的提高，有助于餐饮企业更好地满足客人的需求。

> **任务实施**

根据所学知识，绘制餐饮服务质量管理流程图，流程图应包括从客人进入餐厅到离开餐厅的全过程中各个环节的服务质量管理要点。

任务三　餐饮服务质量管理工具

餐饮企业服务质量分析是指通过一系列科学、有效的质量分析方法，找出餐饮企业服务存在的主要问题，分析引起这些问题的主要原因，管理者基于分析结果，有针对性地对影响餐饮企业服务质量的主要问题采取有效的方法进行控制。具体的分析方法有很多，常用的有ABC分析法、圆形分析法、因果分析法。

餐饮服务质量管理工具(中文)

餐饮服务质量管理工具(英文)

一、ABC分析法

ABC分析法是由意大利经济学家维尔弗雷多·帕累托(Vikfredo Parato)首创的，又称为重点管理法、主次因素法。美国质量管理学家约瑟夫·M.朱兰(Joseph M. Juran)将这一方法用于质量管理并取得成效。该方法强调"关键的是少数，次要的是多数"的基本思想，因此，该方法以质量问题的个数和质量问题发生的频率作为两个相关标志，首先计算收集的各类服务质量问题在总体中所占的比例，然后将这些问题分成A、B、C三大类，以便找出对餐饮企业服务质量影响较大的一两个关键性问题，并将其纳入餐饮企业当前最重要的服务质量管理工作。具体而言，运用该方法分为以下三个步骤。

(一) 收集有关服务质量问题的信息

餐饮企业管理者可以通过客人意见调查表、投诉处理记录、员工服务日记、质量检查报告、质量考核表等各种原始资料，收集有关服务质量问题的信息。这一步骤要求管理者耐心、细致，不能忽略任何细节。

(二) 对信息进行分类统计

餐饮企业管理者收集到一系列服务质量信息后，对其进行分类统计，计算出相关问题在总体中所占的比例或发生的概率，编制服务质量问题统计表，以便进行进一步的因素分析。

(三) 找出主要的质量问题

根据服务质量问题统计表提供的信息，按问题所占比例或发生概率从高到低的顺序，将服务质量问题分为A、B、C三大类，画出服务质量问题排列图。其中，A类为主要问题，B类为次要问题，C类为一般问题。划分时要注意，A类所包含的具体质量问题不宜过多，1～3项即可，否则无法突出重点；划分问题的类别也不宜过多，对于不重要的问题，可单独归为一类。

二、圆形分析图

餐饮管理者对收集到的餐饮企业服务质量信息进行分析和分类汇总，计算出统计结果，据此绘制圆形图。这种方法的资料收集分析过程与ABC分析法相似，区别在于图形的表达形式。与ABC分析法相比，圆形分析图更加方便、直观、形象。通过圆形分析图，管理者可以迅速明确服务质量问题的构成，准确判断出主要影响因素，便于管理者有针对性地实施改进措施，其具体分析过程如下所述。

(一) 收集与餐饮企业服务质量问题相关的信息

收集相关信息的方式参见ABC分析法。

(二) 对信息进行分类汇总

根据内容的不同，对收集到的质量问题信息进行分类汇总，计算各类质量问题在总体中所占的比例。

(三) 画出圆形图，找出主要问题

首先画一个大小适宜的圆形，然后根据问题种类及其构成比例分割该圆形，最后在分割的圆形中填入相应问题的种类及构成比例。根据该图，管理者可以迅速明确餐饮企业存在的服务质量问题。

三、因果分析法

ABC分析法和圆形分析图能有效找出餐饮服务过程中存在的主要质量问题，然而如果管理者要"对症下药"，还必须明确产生这些问题的原因。这一点是前两种方法没有涉及的，这也是因果分析法的优越之处。因果分析法旨在通过对质量问题进行科学的分析和整理，找出这些质量问题产生的原因，并把原因与结果之间的关系用图形表示出来。最终画出的图形形似一条完整的鱼刺，所以它又称为鱼骨图。运用因果分析法的步骤如下所述。

(一) 确定要分析的服务质量问题

收集服务质量问题信息，运用ABC分析法、圆形分析图找出餐饮服务质量问题，选择其中的主要问题进行分析。

(二) 发动管理者和员工共同思考和分析，寻找主要问题产生的原因

在这一阶段，管理者要注意以下两点：一是应集思广益，从管理者、一线服务员、二线员工、客人等处广泛征求意见，以便收集到问题产生的所有原因；二是在分析某一个具体服务质量问题产生的原因时，要由大及小、从粗到

细、寻根究底，通常从人、方法、设备、原料、环境等角度考虑大原因，再按所属类别细致分析小原因，直至能够采取具体措施为止。

(三) 整理各类原因，按结果与原因的关系画出鱼骨图

例如，某餐饮企业菜品质量有问题，导致这一问题的原因有很多，可以用鱼骨图进行分析，如图7-1所示。

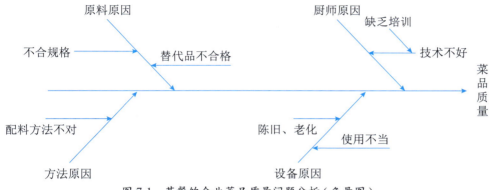

图 7-1　某餐饮企业菜品质量问题分析（鱼骨图）

任务实施

模拟经营餐饮企业，运用餐饮服务质量管理工具，设计餐饮服务质量管理方案，内容包括如何选择工具、如何实施、预期效果等。

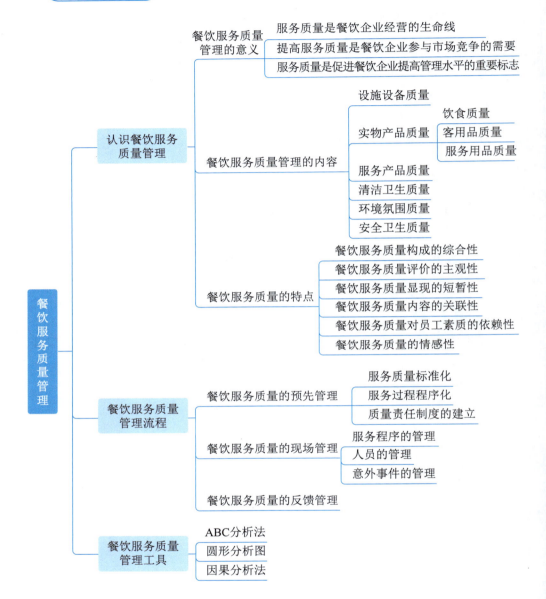

项目七 ▶ 餐饮服务质量管理

学习法宝 ▶▶▶ 学习笔记

| 项目 | • 餐饮服务质量管理 | 日期 | • |

| 标题 | • |

关键词	笔记内容
1.	1.
2.	2.
3.	3.

备注
1.
2.
3.

学习法宝 ▶▶▶ 课后练习

一、简答题

1. 简述绘制餐饮服务质量管理分析图(圆形图、鱼骨图)的流程。

2. 简述餐饮服务质量管理的流程。

3. 餐饮服务质量管理包括哪些内容？

197

二、案例分析题

某酒店二、三楼分别接待了两场规模较大的婚宴,因当时人手紧张,餐饮部从其他部门调配了人手,集中安排在备餐间负责传菜工作。在传菜过程中,一名保安因没听清楚传菜要求,将应传送至三楼的"香辣霸王肘"传送至二楼,导致二楼的婚宴多上一道菜,后被部门经理发现,及时采取了措施。婚宴结束后,部门经理立刻召集备餐间及宴会厅管理人员召开会议,要求与会人员写出事情经过,对此事件进行了细致的分析,旨在杜绝类似事件再次发生,最后对管理人员进行了严厉的批评及处罚。请分析,案例中部门经理采用了哪种服务质量管理方法?

参考文献

[1] 刘红专,贾治华. 餐饮服务与管理[M]. 桂林:广西师范大学出版社,2015.

[2] 钟华,刘致良. 餐饮经营管理[M]. 北京:中国轻工业出版社,2011.

[3] 张丹花,茅蓉. 餐饮服务与管理[M]. 上海:上海交通大学出版社,2022.

[4] 王秋明. 主题宴会设计与管理实务 [M]. 2版. 北京:清华大学出版社,2017.

[5] 陈静,谢红勇. 餐饮服务与管理[M]. 上海:上海交通大学出版社,2022.

[6] 韩絮,周爱青,沈晖. 餐饮服务与管理[M]. 上海:上海交通大学出版社,2022.

[7] 程明. 数字营销传播导论[M]. 武汉:武汉大学出版社,2022.

[8] 陈增红,韩爱霞,鹿敏. 餐饮服务与数字化运营[M]. 北京:旅游教育出版社,2019.

[9] 樊平,李琦. 餐饮服务与管理[M]. 2版. 北京:高等教育出版社,2019.

[10] 段金梅. 酒店餐饮服务与管理[M]. 长沙:湖南师范大学出版社,2012.

[11] 郑向敏,欧荔,陈鹭洁,等. 餐饮服务与管理[M]. 上海:上海交通大学出版社,2021.

[12] 沈燕增. 酒店经典案例与分析[M]. 北京:中国人民大学出版社,2014.